热血青春铸警魂

——四川警察学院学生思政课集中实践教学活动优秀作品选

（第一辑）

主　编　马中全
副主编　刘文芳

西南交通大学出版社
·成都·

图书在版编目（CIP）数据

热血青春铸警魂：四川警察学院学生思政课集中实践教学活动优秀作品选. 第一辑 / 马中全主编. —成都：西南交通大学出版社，2018.5
ISBN 978-7-5643-6193-8

Ⅰ. ①热… Ⅱ. ①马… Ⅲ. ①高等学校 – 思想政治教育 – 中国 Ⅳ. ①G641

中国版本图书馆 CIP 数据核字（2018）第 126145 号

Rexue Qingchun Zhujinghun

热血青春铸警魂

——四川警察学院学生思政课集中实践教学活动优秀作品选

（第一辑）

主编 马中全

责任编辑	赵玉婷
封面设计	唐 荣 曹天擎
出版发行	西南交通大学出版社 （四川省成都市二环路北一段 111 号 西南交通大学创新大厦 21 楼）
发行部电话	028-87600564 028-87600533
邮政编码	610031
网址	http://www.xnjdcbs.com
印刷	四川煤田地质制图印刷厂
成品尺寸	170 mm × 230 mm
印张	11.5
字数	175 千
版次	2018 年 5 月第 1 版
印次	2018 年 5 月第 1 次
书号	ISBN 978-7-5643-6193-8
定价	48.00 元

编委会

前　言

2017 年 5 月 19 日，习近平总书记在接见全国公安系统英雄模范立功集体表彰大会代表时发表重要讲话，对全国公安机关明确提出了对党忠诚、服务人民、执法公正、纪律严明的“四句话、十六字”总要求，这是公安工作和队伍建设的总纲领、建警治警的总方略、立警从警的座右铭。公安院校是人民警察的摇篮和公安人才的重要基地，肩负着培养坚持和发展中国社会主义事业建设者和捍卫者的重大使命。公安机关是人民民主专政的国家政权机关，是党和人民手握的刀把子。“刀把子”怎么用、指向谁，事关国家前途命运，事关社会长治久安，事关人民幸福安康。因此，政治素质是人民警察素质的灵魂和核心，也是衡量公安院校人才质量的首要标准。

当今社会，各种意识文化相互激荡，各种传播渠道相互交错，各种思想观念相互渗透，人们的思想观念、道德意识、价值追求呈现多元多样多变的特征，人们思想活动的独立性、选择性、多变性明显增强。随着中国特色社会主义进入新时代，公安工作面临许多新任务新要求新挑战，未来要从事的公安工作社会关注度高、权力大、管得宽，同时面临的诱惑多、风险大，只有坚定理想信念，树立职业精神，才能在面对纷繁多变的社会现象时不会彷徨，在学业、情感、职业的困境中不会纠结，才能保持人民警察的政治定力、纪律定力、道德定力、抵腐定力。

为此，四川警察学院坚定不移把大学生思想政治工作作为培育党和人民忠诚卫士的一项战略工程、固本工程、铸魂工程，坚定不移地坚持“政治建校、政治建警”办学方针，把思想政治工作贯穿教育教学全过程，实现全程育人、全方位育人。四川警察学院开展“人民警察理想信念与职业精神”集中实践教学活动，是强化和形塑大学生思想政治素质和政治责任担当能力的改革创新举措。2016 年寒暑假期间，2015 级学生分期分批参加了为期一周的思政课集中实践教学活动，围绕“理念信念、爱党爱国、红色传统、敬业诚信、忠诚爱民、青春励志”主题，通过理论问题面对面、参观考察现场教学、访谈对话、红歌比赛、励志演讲等实践教学形式，增强人民警察核心价值观教育的吸引力、感染力和影响力，为学生筑牢信仰之基，补足精神之钙，把稳思想之舵，进而外化为忠诚为民、勤学成才的实际行动。

青年兴则国家兴，青年强则国家强。在以习近平同志为核心的党中央的坚强领导下，当今之中国，正以年轻的脚步朝着中华民族伟大复兴的中国梦迈进。身处在中国历史上最接近、最有信心、最有能力实现中华民族伟大复兴的新时代，公安院校青年学生作为未来公安队伍中最活跃、最灵动、最富有张力的元素，必须旗帜鲜明讲政治，增强“四个意识”，坚定“四个自信”，铸牢忠诚警魂，练就过硬本领，以永不懈怠的精神和接续奋斗的姿态，将热血青春与责任担当寓于平安中国梦的伟大创造当中，让无怨无悔的青春记忆，绽放永不褪色的青春光彩。

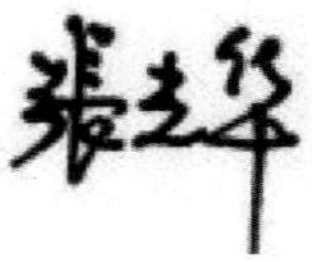

2017 年 11 月 26 日

目　录

坚定理想信念　补足精神之钙

侦查 1501 区队　黄鹏飞

习近平总书记在北京大学考察时强调：“青年的价值取向决定了未来整个社会的价值取向。”学院在青年大学生价值观形成和确立时期，开展人民警察理想信念和职业精神的集中实践教学活动，对作为预备警官的我们进行价值观引领和养成教育。我们通过参加学院思政课寒假集中实践教学活动周，认真聆听厉华馆长讲述一段段鲜活的史实，了解了共产党人对党无限忠诚、对理想信念无比坚定、甘为人民事业奉献牺牲的“红岩精神”。作为当代有志青年，我们进一步认识到必须以史为鉴，坚定理想信念，补足精神之钙，奠定从警为民的坚实思想基础。

理想信念是青年学生思想的“总开关”

理想信念是政治觉悟、思想境界、道德情操的集中体现。有了坚定的理想信念，就能坚持正确的前进方向，就能经受住各种风险、挑战和考验，在风雨中不消沉不动摇。当前，在我们青年学生中有一些人崇尚拜金主义、个人主义和享乐主义，意志消沉、思想腐化、道德缺失，非常危险。习近平总书记说：“青年处在价值观形成和确立的时期，抓好这一时期的价值观养成十分重要。这就像穿衣服扣扣子一样，如果第一粒扣子扣错了，剩余的扣子都会扣错。人生的扣子从一开始就要扣好。”笔者认为，我们青年学生只有坚定理想信念，毫不动摇地坚持马克思主义指导思想，系统掌握马克思主义立场观点方法，以马克思主义中国化的最新理论成果武装头脑，才能“扣好人生的第一粒扣子”，解决好世界观、人生观、价值观这个“总开关”的问题。

理想信念是青年学生精神的“营养品”

人活在世，总是要有一点精神来支撑。习近平总书记说：“理想信念就是共产党人精神上的‘钙’，没有理想信念，理想信念不坚定，精神上就会‘缺钙’，就会得‘软骨病’。”通过聆听红岩魂专题讲座，我们知道共产党人正是因为有“革命理想高于天”的精神支撑，才经受住了枪林弹雨、生死存亡的革命考验，换来了我们今天的幸福生活。而对我们青年学生来说，需要什么样的精神来给自己补充“营养”、支撑前行呢？笔者认为，我们青年学生是国家的希望、民族的未来，我们必须要从博大精深的中华优秀传统文化中，从中国共产党领导人民创造的激昂向上的革命文化和生机勃勃的社会主义先进文化中，从以爱国主义为核心的民族精神和以改革创新为核心的时代精神中，广泛汲取精神营养，坚定中国特色社会主义必胜信念，不为风雨所惧、诱惑所扰，补足精神之钙。

理想信念是青年学生行动的“加油站”

理想信念是青年学生成功立业的基石，也是真正的动力和源泉。理想信念是一个思想认识问题，更是一个实践问题。习近平总书记说：“空谈误国，实干兴邦。”如果青年学生的理想信念不能落实到扎实学习和踏实奋斗中，那么再美好的蓝图也只能是空中楼阁。只有把树立远大理想与履行使命任务结合起来，付诸实践、见诸行动，才能体现理想信念对社会实践的指导意义，才能发挥理想信念“加油站”的作用。

忠诚、为民、公正、廉洁是人民警察的核心价值观，是政法队伍共同的精神支柱和必须遵循的行为准则。作为一名预备警官，我们务必牢记“对党忠诚、服务人民、执法公正、纪律严明”的总要求，并将之作为我们的行动指南，付诸实际行动，服从警务化管理，学习警务技能和专业知识，始终秉承“忠诚为民、勤学成才”校训，在追求崇高理想的征程上创造中国青年奇迹，书写中国新警察故事。

强化思政教育　筑牢忠诚警魂

侦查 1501 区队　白　海

思想是行动的先导。思想若正确，行动就不会跑偏；思想松一寸，行动就会散一尺。我校加强思想教育，对我们进行了为期五天的集中培训，让我受益匪浅，也让我的思想得到了升华。人民警察理想信念和职业精神的集中实践教学活动，让我对绝对忠诚、绝对可靠有了进一步的理解和反思，让我明白了提高思想觉悟的必要性。我从厉华馆长的深情讲述中感受到重庆歌乐山烈士的红岩精神，从舒榕老师的讲授中了解了世界社会主义500年发展的曲折历史，从廖警官和柯记者夫妻的故事中读懂了人民警察工作与家庭双赢的智慧和幸福，从狙击手邹晶教官那警察职业最危险的特警生涯中见识了责任和荣誉，到法纪中心从现场以案说法的教育中清醒认识到“违法犯罪，悔恨终身”，到泸州老窖体验了传统与创新相结合的新型发展理念，全区队参与了“奋斗青春——让梦想启航”学生演讲比赛和纪念中国共产党成立 95 周年暨中国工农红军长征胜利 80 周年红歌比赛：多主体多载体多形式的教学，让我的思想得到了冲击与升华。

一、弘扬革命传统、传承红岩精神

重庆歌乐山烈士陵园纪念馆原馆长厉华所做的题为“红岩魂——信仰的力量”的理想信念教育专题报告，将歌乐山革命烈士的壮举和党内叛徒的行径进行一一对比，从中分析出为什么我党能够取得最终的胜利。红岩精神蕴含着丰富的历史内涵，在中国革命的历史进程中发挥了重要作用，体现了中国共产党人的理想信念、道德情操、价值取向、精神状态，是我们党和人民的宝贵精神财富，是民族精神、时代精神与共产主义精神的有机统一。红岩精神就是将革命进行到底的革命精神，就是不畏艰险的奋斗精神，就是同舟共济的团结精神，就是勇于牺牲的奉献精神。红岩革命前辈面对敌人的威逼利诱永不屈服，为了民族解放，为了民主自由，丝毫不退缩。其中凝结着“革命何须问死生，将身许国倍光荣，愿以我血献后土，换得神州永太平”的奉献牺牲精神。他们在献身革命实践的同时，也为我们留下一笔宝贵的精神财富。我们应该学习革命烈士坚定理想信念、不怕流血牺牲的精神，不断提升思想境界，为实现中国梦的伟大目标交上一份让自己让人民满意的答卷。

二、重温世界社会主义进程，坚持中国特色社会主义道路

社会主义 500 年从空想到科学，从一国实践到多国发展，历经高潮与低谷、成功与挫折，有着跌宕起伏、波澜壮阔的历史进程：从莫尔的《乌托邦》、康帕内拉的太阳城等空想社会主义到圣西门、傅立叶、欧文关于社会主义的初步探索；从马克思、恩格斯科学社会主义理论的建立到列宁领导十月革命的伟大实践；从社会主义一国的胜利到多国社会主义政权的建立；从我国社会主义革命胜利到社会主义建设和改革开放的伟大实践。中国共产党始终坚持将马克思主义与中国具体实际相结合，不断进行理论创新，推进马克思主义中国化，成功开辟了中国特色社会主义道路。这让我深切感受到中国特色社会主义道路的来之不易，更加增强了我们跟党走、走中国特色社会主义道路的自觉性，增强了中国特色社会主义的道路自信、理论自信、制度自信、文化自信；深刻认识到中国特色社会主义理论强大的生命力、创造力和感召力，激励我们在坚持和发展中国特色社会主义的伟大征程中，努力学习、积极工作、凝聚力量，紧密团结在以习近平总书记为核心的党中央周围，为实现中华民族伟大复兴的中国梦而努力奋斗。

三、铭记廉政自律，坚定为人民服务的信念

在当前社会思潮多样化的冲击下，人民警察队伍面临着自身定位、个人追求、价值取向的矛盾和困惑，队伍思想问题表现在以下几方面：一是理想信念淡化，少数民警公仆意识、责任意识、自律意识不强，工作上不求有功，但求无过；二是价值取向错位，受市场经济思潮的影响，少数民警的思想深处滋生了拜金主义、享乐主义和极端个人主义，追求物质，贪图享乐；三是工作动力减退，复杂繁重的公安任务和长时间、高强度的工

作节奏使一些民警中出现了消极应付的现象。培育和践行人民警察核心价值观成为加强公安队伍思想政治教育的重要内容。

从狙击手邹教官的报告中，我看到从一名警校生到一名特警再到一名狙击手的一步一步的成长，我看到他对公安工作的尊重与忠诚，“忠诚为民、勤学成才”校训得到了始终的贯彻。从廖警官18年的工作经历中，我看到一个多次受伤，经常面对危险、面对犯罪分子，从来没有想过要离开公安部门的忠勇警察形象，他的忠诚警魂让我倍加敬佩。在泸州市法纪教育中心，我先后参观了“警示篇”“教育篇”“践行篇”三大展厅，对近年来中央及省市查办的一批大案要案、古今典型人物勤政廉政事迹以及近年来发生在泸州的典型违纪违法案例有了深刻的印象。一个个忘记了党的宗旨、忘记了入党誓言，因公私不分、公款吃喝玩乐、收受礼品、挪用公款、以权谋私、挥霍浪费等行为而受到党纪国法严惩的鲜活案件强烈震撼人心，切实在灵魂深处敲响了警钟。作为预备警官，我们一定要牢固树立全心全意为人民服务的宗旨，彻底摒弃特权思想，自觉做到不义之财不取、不法之物不拿，始终保持人民警察的廉洁本色，才能经得起风雨、经受得住考验，才能担当起党和人民赋予的神圣职责。

四、传承红色经典，提升自我素养

红色经典是党和国家在艰苦卓绝的奋斗当中所形成的坚韧不拔、敢于进取等高尚品格的外在表现。一首《铁道游击队之歌》让我们领略到了先烈抗日的风采，一首《中国人》体现出当代人对逐渐富强的中国充满信心，两首歌共同展现出了我们警校生积极进取、乐观向上的精神风貌。红色经典歌唱比赛，培养了大学生的爱国主义情操，提高了大学生的审美价值，升华了大学生的精神，增强了民族自豪感。人民警察理想信念和职业精神的集中实践教学活动，加深了对马克思主义理论的理解，深化了对党的路线方针政策的认识，坚定了在党领导下走中国特色社会主义道路、实现中华民族伟大复兴的理想信念，进一步增强了作为预备警官的历史使命感和社会责任感。

激扬青春　扬帆梦想

——我的警察梦

侦查 1502 区队　李登攀

青春，在我们尽情挥洒的汗水中愈见其本色；梦想，在我们一次次跌倒后爬起来的坚韧中愈见其轮廓。

在这个迷茫的年纪，我们真正知道自己的梦想是什么吗？我们真正地知道怎样去实现梦想吗？其实，不然。有时候，我们只是打着实现梦想的幌子而苟且度日罢了。我们总是说：大学生活很无聊，大学学习没有用，大学经历毫无意义，我们总是编织着各种各样的谎言去欺骗那个不曾努力奋斗的自己。别以为你来到大学就实现了梦想，这只是一个梦想的起点而已。

其实，梦想不是什么了不起的东西，梦想也并不是一个设定好的目标，梦想是你扬帆前行，经历了暴风海啸而依然巍然屹立的精神世界。只要你甘愿去经历，甘愿去付出，你就已经走进了这个精神世界。

我的梦想不多也不远大，健健康康地生活，踏踏实实地工作，哪怕没有什么实质上的收获，但精神世界会变得更加美好。

唐亚萍，一个退休的老民警，一个为理想而燃烧生命的可爱的人。开展人民警察理想信念与职业精神的集中实践教学活动中，她令我终生难忘。她以一口标准的地方口音骄傲地为大家讲解她在公安工作中获得的傲人的荣誉。她没有华丽的辞藻，只有朴实的语言。她可能文化不是很高，但是她有丰富的人生阅历。她不仅言传，而且身教。她用自己的一个个平凡事迹来告诉我们群众关系该怎么做，公安工作该怎么做。她已经 61 岁，但她没有退休。她雪鬓霜鬟，但志向坚定。正所谓“老骥伏枥，志在千里”，我想这正是她用生命在实践的真理。

她用她皱褶斑斑的双手，牵起了孤寡老人，抚养着残疾儿童。她讲：曾经，她敲响了一居民的大门，17 次被拒之门外。但高兴的是，最后一次终于成功了。为什么她要这么坚持？为什么被拒之门外她还能感到高兴？

她告诉我们：群众工作就是要这么做。只有这么做，群众才能理解公安工作，警民关系才能更加和睦。只有努力解决好群众问题，我们才能安心，我们才无愧于人民警察的神圣使命。

保尔·柯察金说，人最宝贵的就是生命，生命对于每个人来说只有一次。人的一生应当这样度过：回首往事，他不会因为虚度年华而悔恨，也不会因为碌碌无为而羞愧；临终之际，他能够说："我的整个生命和全部精力，都献给了世界上最壮丽的事业——为解放全人类而奋斗。"

对于我来说，世界上最壮丽的事业就是我们的公安事业。在这样的事业中，我能够将个人价值与社会价值紧密联系在一起。因为，一个人个人价值的实现莫过于他在自己所奋斗的事业中取得了成功，而一个人的社会价值的实现莫过于他为社会、为人类无畏地奉献。我认为，公安事业就是将个人价值与社会价值紧密联系的最好纽带。作为一名预备警官，我为自己能够成为一名人民警察而感到无比的兴奋和自豪！

我想，将来，当我们成为人民警察，我们也要有这样的精神和信仰：踏踏实实地办理案件，切实地履行职责；维护社会大局稳定，促进社会公平正义，保障人民安居乐业。

将来成为人民警察，我们不求回报，只求无愧于心。只要你勤勤恳恳、踏踏实实，铸就你的精神世界，保持你的信仰，你终有所获。在你涉猎的领域，你也终将成为一名优秀的人才。

我的警察梦

——中国红

我们青春芳少
岁月静好
只因那一抹红
那一抹中国红

指点一座山
一条河

一座城
任捡一片陶
一方印
一段绸
它们
总是带着中国的颜色
——一抹鲜艳的中国红

我知道
玫瑰是红色的
朝霞也是红色的
我知道
血液是红色的
国旗也是红色的

我喜欢红色
我喜欢玫瑰的红色
它柔情绽放
却热辣似火
我喜欢红色
我喜欢朝霞的红色
它闲淡云游
却透出殷殷希望
我喜欢红色
我喜欢血液的红色
它红及了我们身体的全部
它带给我们热情
也带给我们温度
我喜欢红色
我喜欢国旗的红色

它红得如忠诚赤胆
它红得似碧血丹心

我在红色围墙之中
我有黄色的肌肤
我喊高亢的口号
我唱激情的国歌
英勇的烈士
被刻在红色的墙上
他们纹丝不动
他们却
红在国土之上
红在人民心中

我踏着他们的脚印
唱着红色的歌谣
慢慢地
也便喜欢上了红色

红岩魂·信仰

侦查 1502 区队　伍春宇

在昏暗的礼堂里面听着厉华馆长讲述红岩魂，近视的我看不清厉华馆长的模样，但听着他洪亮的声音我仿佛看见了那千千万万个为革命信仰抛头颅洒热血的革命先烈们。泪水不自觉地打湿了眼眶，多久没有这样的感触了，多久没有缅怀革命先烈了。他们在那个年代所付出的一切是我所不能企及的，他们所传递的精神是我敬畏又敬佩的，若可以用一首诗对革命先烈们做个形容的话，我觉得最恰当的是“砍头不要紧，只要主义真。杀了夏明翰，还有后来人”。他们就是抱着这样的信念一个又一个走向刑场。悲哉，那是几十万、几百万条鲜活的生命啊，就这样消失了。痛哉，多少个家庭就此支离破碎，妻子失去丈夫，孩子失去父母，白发人送黑发人。但，悲过、痛过之后更多的是感叹与敬佩，那群最可爱的人，为了实现心中的信仰毅然决然地踏上了慷慨赴死的道路，他们无所畏惧，他们义无反顾。

所有的事物都需要对比，只有对比才可以看出谁对谁错，孰优孰劣。正如唐太宗所言：“以铜为鉴，可以正衣冠；以人为鉴，可以明得失；以史为鉴，可以知兴替。”观当下的中国，徐才厚、周永康、郭伯雄，一个又一个的高官落马了，一只又一只的苍蝇被拍死在法律的铁网上。是什么原因导致了腐败？是因为物质条件的充裕？不是。是现实环境的逼迫？更不是。我苦苦思索却得不到答案。但在听完厉华馆长的红岩魂讲座之后，我觉得我明白了是为什么，那是因为他们丧失了心中的信仰啊！西方一位哲人曾言：“可怕的不是没有信仰，而是曾经拥有现在已崩塌。”在以前那个革命的年代，革命先烈们信仰共产主义，为此舍生忘死，慷慨就义。从 1921 年到 1949 年倒下的革命烈士数不胜数，但因为他们有信仰，他们坚信革命终将胜利，人民终将胜利，所有人的鲜血都将凝固在胜利的史书上，所有人的呐喊将汇聚成那胜利的礼炮声。抱着这样理想信念的他们无所畏惧，所向披靡。他们打败了西方列强，打败了日本侵略者，打败了国民党反动派，终于建立了梦想中的新中国。但就是在经历了这样艰苦的年代以后，在如今这个物质丰沛充满诱惑的社会里，有人却渐渐迷失了自己，心中的信仰在物欲膨胀中被冲刷得一干二净。没有了信仰，被囚禁在心中欲望的恶魔挣脱了束缚，灯红酒绿、声色犬马的生活方式让迷失者着迷，他们在腐化堕落的生活里越陷越深，忘记了自己心中的信仰，忘记了一心一意为人民服务的宗旨，忘记了那个艰苦年代里革命先烈们抛头颅、洒热血所为之而奋斗的理想信念——共产主义，呜呼哀哉。

一个没有信仰的民族是没有未来的，一个信仰金钱至上、权力至上的民族注定是失败的。面对当今的世界，国富民强的中国不会畏惧任何一个国家的挑衅，西方列强在东方海岸上架起一座大炮就可以征服一个民族的时代已经一去不复返。在警惕外在危险的同时，我们更应该警惕的是来自内部的腐化与堕落。堡垒往往都是从内部被攻破的，而共产党员信仰的丧失可能就是新中国堡垒上最大的缺口，信仰丢失不可不察！不可不补！不然亡国亡党就在我们身边！

砥廉峻隅，立法树人，铸忠诚警魂

侦查 1503 区队　李昕彧

“忠诚的道路浴血荣光，英雄的足迹越走越长”，这是《人民公安向前进》中的一句歌词。人民警察理想信念与职业精神的思政课集中实践教学活动，围绕理想信念、红色传统、廉政警示、忠诚警魂、青春励志、改革创新六大主题教学内容，让我真正认识了这个“披着星光，浴着晨露”的集体——人民警察。

2017 年 1 月 13 日，在学院礼堂开展的“大思政之理想信念”教育主题讲座拉开了寒假思政课集中实践教学的序幕，舒榕教授纵横世界社会主义 500 年历史，一句句话语铿锵有力，一段段讲述深入人心，引领我们青年学子树立人生道路的理想信念，为我们指明前进的方向，让我们认识到共产主义并不是遥远的虚无缥缈，而是“推动世界发展的重要思潮和社会发展的必然选择”，坚定了我们对中国特色社会主义的道路自信、理论自信、制度自信和文化自信。现已作为预备党员的我，在聆听这满富深情的讲座时，更是感到热血沸腾。“红岩精神”主题报告，让我们感受到了英雄群体和身边先进典型的光辉；到泸州市法纪教育中心现场教学、泸州老窖参观考察等主题教育，使我们感到身为一名预备警官的使命、责任与担当。当然，在本次的寒假集中实践教学活动中让我感触最深的还是在学院礼堂举行的演讲和红歌比赛。

诵，诵出一腔热血；唱，唱响青春舞曲。在我看来，本次人民警察理想信念与职业精神的集中实践教学活动举行的“奋斗青春——让梦想起航”演讲比赛和“红色伴我成长，红歌唱响校园”歌咏比赛，不仅仅是一种同学之间关于演讲和歌唱的竞技，更是一种记录青春的方式。很幸运，我成为了这两个比赛活动的参赛者和幕后工作者之一。

幕后付出。幕后工作，不在聚光灯下，我却被伙伴们的团结和对工作无私奉献的精神深深感动。幕后的工作，是从人员、参赛节目确定，以及串场节目、音视频收集开始的。当各专业、区队将定好的节目、音视频在截止时间之前发到指定位置，当各工作人员在规定时间内完成各自工作，当后台人员（光音技术服务队后台成员）利用休息时间在活动开始前将各个活动元素串联，我深刻地感受到了作为一名团队成员的责任感和成就感。在幕后工作中，我认为责任感最好的体现方式便是守时。在我看来，守时不仅仅是个人、团体遵守时间的一种表现，更是内心自觉守规矩的一种体现。在宣传栏中我们常常会看到这样的标语："守规矩，打胜仗。"在警校身为警校生的我们，只有从个人、团队层面，在各个环节上做到守时、守规矩，从遵守小规矩做起，才能让各项活动按照预定计划井井有条地进行，才能在日后的人生道路上做一个政治立场坚定，忠于党、忠于国家、忠于法律、忠于人民的好警察。成就感，说是成就感，不如说是责任感。坐在后台工作时，我的内心是平静的，双眼专注地注视着舞台，不是单纯为舞台上节目的精彩而感叹，而更多的是注意着舞台灯光的变换和音视频的切换，追求着最完美的舞台效果。每每看到礼堂活动结束时老师们脸上满意的笑脸、参演人员在舞台上的欢呼雀跃，我的心中便慢慢地升腾起成就感和荣誉感。做了很久的灯光音响控制工作，我更觉得要达到每一场礼堂活动的灯光音响零事故是一种责任，这种默默地付出教会我日后要做让党、国家和人民放心的负责任的好警察。

台前参赛。很荣幸，我能够在此次集中实践教学活动中参加演讲和红歌比赛。由于区队的信任，我幸运地代表区队出征演讲比赛。演讲，演的是情，讲的是真意。一提起青春与梦想，我不禁会想到过往，想到小时候对警察职业的崇敬，想到高考前努力的时光，想到第一次踏进校园时的好奇心，想到英雄墙上的师兄师姐、社交媒体上无数为民舍生的英雄……思索之中，偶然低头，却发现稿纸早已被泪水打湿，眼泪助长着墨水向稿纸的空白区域不断迸发。演讲比赛的舞台很大，但区队同学给我的呐喊和鼓励，让舞台上的我斗志昂扬、热血沸腾、满怀深情诉说着一腔豪情。虽然没有拿到前三名，但我深深地感谢这一份来自同一个战壕的战友们的情谊。此外，在区队干部的带领下，区队的同学利用休息时间纷纷聚在一起，一遍又一遍地排练着红歌，最终获得了红歌比赛第二名的好成绩。年级越高，同学们各自空闲的时间就越是少之又少，区队同学聚在一起做同一件事的机会屈指可数。感谢这次红歌比赛，给了各自区队相聚练歌的时光，给了区队每一份子为区队贡献光和热的机会，给了区队展现凝聚力的机会。团结就是力量，星星之火可以燎原，忠诚警魂的铸造需要我们每一个预备警官的努力。

此外，让我感受颇深的便是关于内心的磨砺。记得在以“忠诚警魂”为主题的系列报告的互动交流活动中，一位曾为特警队员的师兄——邹晶教官和我们进行了一次印象深刻的对话交流。我们看到的是他年轻时在野外生活的坚强意志，看到的是他在成为一名特警队员后刻苦训练的无怨无悔，看到的是他经历磨练后取得的傲人成绩。而镜头记录下的不易或许只能算作他磨砺中的冰山一角，更多的磨砺，是在内心。在对话交流中我懂得了一个优秀的射手不仅要有良好的身体素质，更重要的是要有一颗遇事不惊的内心。

参观泸州老窖窖池，看着明到清再到现在的窖池以及工人师傅们不断地工作，我着实感受到了一种甚至可以称之为感天动地的工匠之心；在泸州市法纪教育中心，看着展厅墙上一个个贪污腐败官员的堕落行径，我不禁心生坚守廉洁和忠诚警魂之志。警校的训练看似枯燥艰苦，实则是对内心的不断磨砺，只有坚持训练，打好基础，不断进步，团结努力，才能在祖国需要我们的时候挺身而出，战无不胜。

人民警察理想信念与职业精神的集中实践教学活动周时间很短，但内容丰富，让我们每个人都受益匪浅。我们，也正甩开初入校时的懵懂，在思政课程中逐渐坚定了自我的政治立场，向一名合格的人民警察不断进发。

忠诚筑警魂　英雄造时势

侦查1503区队　廖礼婷

暑假来临之际，我们三大队的全体同学留校进行了为期五天的思政集训。在这五天时间里，集训围绕社会主义核心价值观主题，结合学院人才培养目标和学生实际，设置了“理想信念、红色传统、爱党爱国、敬业奉献、诚信廉洁、忠诚爱民”等模块内容，开展了演讲比赛、红歌比赛、参观纪念馆等活动，切实提高了人民警察核心价值观的吸引力、亲和力，强化了我们对人民警察核心价值观的理解与认同，引导我们做人民警察核心价值观的坚定信仰者、积极传播者、模范践行者。

在这宝贵的五天里，我是获益匪浅的。而我印象最深的莫过于“忠诚警魂”这一部分。在这一部分里，获得“全国文明家庭”荣誉称号的廖胜利夫妇与我们分享了“人民警察家庭与生活双赢的智慧”；遂宁市公安局警官培训中心唐亚平为我们开展了题为“爱民为民——人民警察不变的底色”的讲座；泸州市公安局刑侦支队副支队长董治南为我们讲述了“从警校生到全国预审专家的成功密码”；最后我校的“双千计划”教官、优秀狙击手邹晶为我们讲述了“一名优秀的射击手是如何炼成的”。

廖警官与妻子平凡却不平淡的生活深深地感动了我。廖警官工作繁忙，压力极大。他每天面对着社会上形形色色的人、方方面面的事情，牺牲了自我的自由，牺牲了与家人相处的时间，却依然能将自己的工作做得风生水起，而支撑着他的则全是他对于公安事业的热情和对于警察这个职业的忠诚。

回想起董警官与犯罪嫌疑人斗智斗勇的过程依然是惊心动魄的，他对刑事侦查技术的追求是执着的，他在各种渠道搜集犯罪嫌疑人的证据是艰难的。但董警官依然没有放弃，依旧吃苦耐劳。他能够为了带一个犯罪嫌疑人去指认现场，和战友们连续两天两夜在天寒地冻环境中坚守着，甚至冻坏了自己的脚，也没有一声怨言。或许这些在我们以后的公安事业中算不上什么大事，根本比不上那些公安英模们，但是平凡的人也可以做出许多不平凡的事情。正如他本人所说："只有踏实认真工作，才能有自己骄傲的成就。"董警官踏踏实实地为民服务，不求回报，无怨无悔，无愧于他头顶神圣的警徽。

这就是人民警察，时代的丰碑，现代社会最可爱的一群人。既然选择了警察这份特殊的使命，便已经选择了牺牲与奉献。人民警察不仅仅是一种职业，更是一种责任与使命。有人曾说过战争年代的牺牲是轰轰烈烈的，而和平年代的牺牲却了然无痕。战争年代的牺牲在一瞬间便可完成，而和平年代的牺牲却要承载整个一生。每一个工作岗位上的前辈都是历经磨难、坎坷，最后总结经验教训升华成为自己人生的指向标。现在他们将这些经验教训倾囊相授，希望我们这些预备警官们能够以后独当一面，在我们自己的岗位上活出自己的风采。他们不会用绚丽浮华的辞藻来褒奖自己，也没有太多的豪言壮语，但却在背后默默地为这个事业奉献了自己的一生，我觉得这是今天社会最伟大的一群人。

"忠诚、为民、公正、廉洁"这八字箴言，指引、激励着我们公安队伍，鞭策着人民警察，最终成为人民警察核心价值观。"忠诚"作为警魂，是我们最可贵的品质，时刻警醒我们对党忠诚、对公安事业忠诚，全心全意为人民服务，保证我们追求公平、捍卫正义、清正廉洁，以此铸就一支能打胜仗、作风优良、服务人民、公正执法的公安队伍，坚决做中国特色社会主义的合格建设者、坚定捍卫者。

警察，这个光荣的职业，曾是多少青年心之所向、为之热血沸腾的一个职业。我们自从穿上警服的那一刻起，就注定要放下家庭、放下亲人、放下朋友，与同事奋战在公安前线，甚至满腹委屈无处可诉，与奉献、牺牲、责任结下不解之缘。在光鲜亮丽的形象之后，更多的是对于公安事业的忠诚，对人民群众的忠诚。作为新时代的一名预备警官，我们时刻牢记"忠诚为民、勤学成才"的校训，为"立警为公、执法为民"时刻准备着，矢志不渝成为一名优秀的人民警察。

用忠诚铸就警魂，让英雄造就时势。廖警官、董警官，以及身边的英雄模范让我们震撼和感叹，他们是我们的骄傲。忠诚，是他们对于警察事业最好的践行。

蹲守任务时，他们的坚守叫忠诚；

走访调查时，他们的微笑叫为民；

熠熠警徽下，光辉的荣耀叫公正；

正义审判时，秉承的信念叫廉洁。

平凡而伟大是真实的写照，惟其平凡愈显可敬，惟其伟大弥足可歌。既然已经走上了从警这条路，便已选择了奉献与牺牲。这次的集中实践教育活动，不应该仅仅是表面的看过、听过、经历过，不应该是讲空话、讲大话的一次教育活动。我们要利用这次机会，重新认识我们的身份，切实转变执法观念，牢固树立全心全意为人民服务的宗旨与执法为民的思想，摆正自己人民公仆的位置，时刻警醒自己“忠诚”二字。绝不辜负自己来自于“警察的摇篮，英雄的熔炉，精神的铸所”——四川警察学院这一殊荣。我们是优秀的预备警官，是公安事业的生力军。

做一名刑警的担当

侦查 1504 区队　彭志晖

经过长达一个星期的由学院思政部组织实施的思政课集中实践教学活动，我认为自己的政治水平、政治素养、政治觉悟有了大幅度的提高。我体会到了作为一名警察所应具备的担当意识、责任意识和不畏一切的勇气。警察职业的担当，就是担责任、担压力、担风险，并且在面对责任、压力和风险的时候，不松懈、不疲怠、不畏惧。

警察承担的工作往往责任重大、任务繁重，有时带有高度的危险性，需要承受心理和身体的双重压力，这就需要警察具有坚强的意志和勇于担当的无畏品质。警察肩负的责任往往与人民群众的生命财产息息相关，警察的一丝疏忽都可能会酿成不可挽回的严重损失，可以说，承担重任应当是警察职业生涯中的常态。

学院思政部为我们请来了泸州市公安局刑侦支队副支队长董治南警官讲述他的刑警生涯。虽然没记清他的相貌，但他的讲座非常精彩。他声情并茂地讲述了自己警察生涯的跌宕起伏，让我受益匪浅，感触颇深。他说，警察职业尤其是某些特殊工作如刑警是很危险的，但警察的职责要求我们冲在最前面，敢于作为、敢于担当。警察工作有其“威风”的一面，可以惩治犯罪，扶危救困，但是这些看似风光的背后是警察用自己的生命在拼、在搏。为了践行“恪尽职守、不怕牺牲”的誓言，人民警察面对穷凶极恶的犯罪分子，面对危险，必须做到毫不畏缩，担当起维护法律公平正义、保障人民生命及财产安全的重任。

2013 年公安部出台的“三项纪律”中，第一条就是“公安民警绝不允许在面对群众危难时不勇为”，再次重申了警察在危险面前勇于担当的职责和义务。见义勇为对普通公民来说是一种较高的道德要求，但对人民警察来说则是最基本的职业要求。选择了警察职业，就是选择了服务人民，也是选择了风险、担当甚至是牺牲。当然，警察队伍管理者不会把这些担当和风险都推给警察个人，警察组织有许多途径为警察减轻重担和压力、降低工作的风险。通过科学的警力调配、明确的警务活动和警务消耗来减轻警察工作中的负荷；通过保障警察的执法权益和劳动权益、保障警察职业安全与健康、解决警察工作的后顾之忧等从优待警举措，来降低警察工作和生活的压力；通过提升警察的职业技能、提高警务技战术水平、改进警用装备等措施，降低警察受伤和牺牲的风险。同时，全社会都有必要更多地了解警察职业的压力与风险，给予警察支持与信任，警察才更有信心与热情服务社会，更有力地承担起人民对警察的重托。

当初我之所以填报了四川警察学院的侦查学专业，是因为心中怀揣了一个当刑警的梦想。这次讲座请到的这位支队长是一个铁面刑警。从警数十年，直接参与侦破的刑事案件达到数百起，“威名”传遍泸州的黑白两道，让犯罪分子闻风丧胆。他一身正气，不搞歪门邪道。他自己坦言，自己不曾收受一分贿赂，当受到来自外界的威胁时仍然临危不惧、坦然处之，让所有的阴谋诡计粉碎。他一生坦坦荡荡，以身作则诠释了一名刑警的责任担当。当然他也有粗中有细的一面，铁汉尚有柔情。在讲座上他讲到，自己经常出差，十天半个月不回家，但是一回到家中就立马去做饭、扫地，干些家务活来弥补对妻子儿女的亏欠，这也是他的担当，对家庭的担当。

从警以来，他一直奋战在刑侦工作第一线，在践行“全心全意为人民服务”的誓言中走过了 30 年的风雨历程。面对复杂的犯罪案件，无论摸排线索还是缉捕嫌疑人，他都是身先士卒、迎难而上，以过硬的素质和丰富的经验打了一个又一个漂亮仗。凭借着对公安事业的执着与无私奉献，他成为了泸州市首屈一指的破案专家，在全省都享有非常高的名气。一名刑警的成长从来都不会简单，需要具备好学的品质和不断积累经验。我们要成长为优秀的刑警，必须学会与犯罪分子打交道，只有了解了他们，才能更好地与违法犯罪作斗争。

刑警的生活中有激情也有平凡，还有永久的追求。做警察要敢担当、会担当，赢得人民群众的认同与信赖，警察的价值才可以真正体现。要自觉坚定正确的价值取向，就要明确人民警察的核心价值和丰富内涵，肩负起时代赋予的重任，切实肩负起中国特色社会主义事业捍卫者的神圣使命。

要敢于担当不言小。坚持把最广大人民群众的根本利益作为履行责任的出发点和落脚点，多做顺民心、解民忧、惠民生的小事，让人民群众感受到公安机关执法为民带来的实惠。

要敢于担当不畏难。坚持把群众的安全感和满意度作为检验公安工作的根本标准。面对歪风邪气勇于亮剑，既要集中精力破大案要案，严打黑恶势力的严重暴力犯罪；又要破小案，全力维护人民群众的合法权益，做到权为民所用，情为民所系，利为民所谋，这就是一名刑警的担当。

传承红色基因　坚定理想信念

侦查 1504 区队　张艺濒

在这五天时间思政课的集中实践学习中，我收获到了很多，也感悟到了很多。泸州市党校舒榕副教授讲授的“世界社会主义 500 年”，让我更加相信我们国家会在共产党的领导下变得越来越好。歌乐山烈士陵园纪念馆原馆长厉华的“红岩魂”专题报告，让我坚定了自己的理想信念，为了理想信念牺牲也在所不辞。全国公安机关爱民模范唐亚平警官在平淡的社区警务工作中默默奉献，“全国文明家庭”廖胜利夫妇的“人民警察家庭与生活双赢的智慧”，全国预审专家董志南为我们带来“从警校生到全国预审专家的成功密码”，优秀射击手邹晶的现身说法让我更坚定了从警的信心。在这五天的学习中，我感悟最深的是歌乐山烈士陵园纪念馆原馆长厉华的“红岩魂”专题报告，它让我的心情久久不能平复。

我们生活在和谐安宁的世界里，已经渐渐淡忘了战争带给人民的痛苦和悲伤，也无法体会到那些英雄的惊天地泣鬼神的壮举和牺牲背后所隐藏的深深的爱国热情。而红岩精神正如一面鲜红的旗帜，在不同的年代激励着同我们一样的为理想和信念奋斗不息的青年，用青春换来祖国的繁荣富强。

岁月悠悠，沧桑巨变。中国经历了无数的革命斗争，经受了无数的艰苦曲折，才赢得了今天的繁荣昌盛。然而，历史是不能忘记的。今日的辉煌是无数的先烈用自己的鲜血与生命换来的。正是他们在同反动势力展开不屈不饶的斗争中形成了伟大的“红岩精神”，留给我们极其宝贵的精神财富。因此，红岩精神就是爱国爱民的精神，就是艰苦奋斗的精神，就是团结战斗的精神，就是无私奉献的精神。

红岩烈士们用鲜血染红了我们的国旗。作为当代青年，我们该怎样让国旗更加鲜艳呢？我们应该意识到，在和平年代的今天，战争已然远去，和平与发展是时代的主旋律。对于我们在校学生，红岩精神是一种鞭策、一种激励、一种精神上的洗礼，更是一种情感上的恩赐。它让我们常怀一种感恩之情，回首以往，心绪激昂；它让我们常怀一种奋进之情，环顾现实，奋发向上；它让我们常怀一种危机之情，提示我们时刻牢记，今天这样平和安定的生活来之不易。我们应该好好地生活，好好地学习，日后做一名合格的人民警察，为祖国的公安事业发展做贡献，来报答为我们创造这种安定生活的无数先烈们。

革命先烈们长眠于青山翠柏之间，而红岩精神将会永垂不朽！红岩精神如同一颗不灭的火星，点燃一个时代的奋斗精神，点燃无数有志之士的拼搏引信。我要衷心地感谢红岩精神，不仅因为它为我树立了榜样，更是因为它使我深入地体会到什么是光辉的历程，什么是血染的风采，什么是真正的幸福，什么是珍贵的青春，什么是真正的信仰，让我对党有了一个更深刻的了解，使我对人生价值有了崭新的理解与认识。

在长期的革命斗争中，老一辈无产阶级革命家和无数英烈用鲜血和生命塑造了党的优良传统和作风。红岩精神就是其最集中的体现。它代表着中国先进文化的前进方向，是中华民族奋发崛起的精神支柱，是我们宝贵的精神财富，是鼓舞我们前进的不竭动力。它不仅属于历史，而且属于现在，属于未来。

生活在当今安宁、和平、和谐的社会，我们无法深切体验到国家安危的深重苦难，也不会再有革命岁月里的生死考验。但无论时代怎样变迁，革命先烈抛头颅洒热血换来的和平富强也不会被我们后来人忘却。

理想信念是人生道路的航向标，是我们前进奋进的行动指南。通过这次理想信念教育，我认识到共产主义并不是遥远的虚谈，而是推动世界发展的重要思潮和社会发展的必然选择。

理想信念是政治觉悟、思想境界、道德情操的集中体现。有了坚定的理想信念，就能坚持正确的前进方向，就能经受住各种风险、挑战和考验，在风雨中不消沉不动摇。当前，在我们青年学生中有一些人崇尚拜金主义、个人主义和享乐主义，他们意志消沉、思想腐化、道德缺失。习近平总书记说：“青年处在价值观形成和确立的时期，抓好这一时期的价值观养成十分重要。”我们青年学生只有坚定理想信念，毫不动摇地坚持马克思主义指导思想，系统掌握马克思主义立场观点方法，以马克思主义中国化的最新理论成果武装头脑，才能解决好世界观、人生观、价值观的问题。

理想信念是一个人的世界观、人生观和价值观的集中体现。崇高的理想信念是人生的支柱和前进的灯塔。确立了崇高的理想信念，就有了正确的方向和强大的精神支柱，就能“富贵不能淫，贫贱不能移，威武不能屈”，就能抵御各种腐朽思想的侵蚀，永葆共产党人的先进性，矢志不渝地献身于伟大的事业而不畏任何艰险。

志不立，天下无可成之事。中国共产党之所以能领导人民取得今天的伟大成就，与共产主义的远大理想是分不开的。不忘初心，就是坚定共产主义的远大理想不动摇。理想信念动摇是最危险的动摇，理想信念滑坡是最危险的滑坡。要永远牢记革命先烈的遗愿，不忘他们的初心，不忘我们的初心，不忘党的初心，坚定理想信念不动摇。

理想信念是前进的灯塔。坚定不忘初心，坚定理想信念，我们才有前进的方向。作为一名预备警官，忠诚、为民、公正、廉洁是我们始终不变的政治本色，也是我们矢志不渝的理想信念。我们会将理想信念作为我们的行动指南，付诸到行动中，每个预备警官都要自觉做共产主义远大理想的坚定信仰者、忠实实践者，用坚定的理想信念引领我们为实现中华民族伟大复兴的中国梦而奋斗。

增强理想信念　加强思想洗礼

禁毒 1501 区队　陈虹宇

寒风逐临，川警院（四川警察学院）迎来了它的又一个冬季，而这一个冬季对 2015 级的同学来说却有着不一样的深意。学院为推进“大思政”育人工程深入开展，创新“大思政”育人模式，深化思政课教学改革，培养“信念坚定、执法为民、敢于担当、作风过硬、纪律严明”的公安专门人才，组织学生三大队的同学们留校参加了思政课集中实践教学活动。此次集中实践教学活动共五天，一共设置了五大主题教学内容，分别是：红色传统、理想信念、廉政警示、忠诚警魂、改革创新专题教育。

到现在，思政集中实践教育都依然令我热血沸腾，给我留下的不仅仅是几天演讲的印象，更是青春无法忽视的激荡。从某种意义上来说，他们更是我人生路上的一盏指明灯，是抬头便能仰望的星空，是身边的模范和榜样代表。“警察的理想信念与职业精神”是一个极其有意义的话题，我们也应该用自己的行动来丰富这一主题。

弘扬革命传统，红岩精神带我们再一次走过长征，感受革命年代的艰辛，我们应更珍惜眼前的一丝一毫，保护好革命先烈用鲜血换来的革命果实，革命先烈以人生的大无畏来换取国家、社会的稳定与和平，换取国家的尊严和地位。厉华是重庆歌乐山烈士陵园纪念馆原馆长，他告诉我们，革命烈士应该是一座不朽的丰碑，在那个年代没有很好的生活，他们一心只有解放整个中国，他们没有过多的期望，他们只想着国家独立，民族独立，子孙后代独立。舒榕，泸州市委党校党建学者，她告诉我们，社会主义的发展经历萌芽到发展成熟，是经得起时间考验的。社会主义为世界带来光明，同时也让深陷水深火热的旧中国看见了希望。人们常说，思想决定行动。就如革命年代的人们，有意志不坚，最后沦为叛徒的；有宁死不屈，要守住革命成果的。他们的思想意志不一样，最后的结局和命运也不一样。专题讲解让我们更加了解社会主义，也激发了我们的爱国情怀，为我们坚定社会主义理想信念奠定了思想基础。作为警校学子，理应随时准备为社会服务，我们应当比一般群众更加信念坚定。

忠诚为民——人民警察不变的底色，是唐亚平警官从警几十年的真实写照。她时刻谨记一切为人民服务，时刻以人民群众利益为重，无时无刻不在想着怎么为群众办好事。她言传身教，教给我们如何做人民群众的好警察。她时时想着如何做好群众工作，构建和谐警民关系。她始终秉承党的群众路线是公安工作的生命线，在公安群众工作中享受快乐，在社区民警岗位上收获成功。唐警官对待工作尽职尽责、兢兢业业，为我们总结了调解社会矛盾纠纷的“六法”。这六种方法贴近公安工作基层实际，分别是冷却降温法、换位思考法、扶正驱邪法、逆向思维法、以案引导法、亲情疏导法，让我们受益匪浅。

廖胜利同志更是大多数警察的一个形象代表。闪光的警徽、无悔的选择是对他最好的诠释。他常年奔波在一线，没有饭点，没有午休。可是他坚持不懈，不放弃不抛弃，一直认真坚守岗位。对他来说，匆忙奔波地过年是家常便饭，翻一米高的卷宗更是小事。但是他始终坚持做好典范，任劳任怨。基层派出所的工作点滴、群众生活纷争的调解，更让他学会微笑、耐心、换位思考。尽管在和平年代警察是牺牲最大的职业，但他始终热爱自己的事业，忠诚自己的事业。他始终有一种信念，他是一名人民警察。对！他是优秀的人民警察。

在学校统一组织下，我们参观了泸州市法纪教育中心。在这里，我们了解到因自己一时贪念而导致沦为阶下囚、付出了沉重的代价的违纪违法官员。背弃党、背弃初衷让他们留下惨痛深刻的教训，也从反面教育我们要“明镜高悬，警钟长鸣”。在党的领导下，我们必须时刻保持纯洁的初心。古人云，以铜为镜可以正衣冠，以古为镜可以知兴替，以人为镜可以明得失。护国纪念馆中的一幕幕让我们置身于革命年代之中，战争中的生命是如此宝贵又是如此廉价，但只要坚定信念、不怕牺牲，革命就终将会成功，迎来胜利的曙光。

红歌比赛是整个实践教学活动的压轴好戏。经过区队几天的精心排练，我们秉持着友谊第一、比赛第二的原则，以最好的精神状态全力以赴。唱红歌不仅仅是一次唱歌，也不仅仅是一次比赛，它更是团队的凝聚力和合作精神的体现。只有我们团结一致，才能取得好的成绩。几天的排练虽然严寒难挡，但我们依然热情高涨，不管结果怎么样，我们都迎来了区队最阳光温暖的时刻。

这次的思政集中教育时间虽短却内容丰富，形式多样，让人感触深刻。我相信，国家发展经历曲折坎坷，我们成长也更应经历风雨。我更加热切地期待下一次灵魂的触动。

忠诚为民，勤学成才

禁毒1501区队　彭嘉艺

在2016年7月9日，三大队全体学生参加了由思政部组织的思政课集中实践教学活动，这次活动同学们都感受颇深、受益匪浅。

在这次集中实践活动学习中，我们了解了革命战争时期先烈们为民族独立、人民解放所做出的贡献，感受了一对警察夫妇平凡生活中的温暖；聆听了泸州市刑侦支队副支队长关于目前刑事犯罪案发趋势的精彩分析；记住了一名狙击手时而炫酷时而冒险的精彩经历；喝彩了同学们激情澎湃的演讲比赛；参观了法制教育中心各种触目惊心的案例；最后，感受了“醉”美泸州的酒城文化。在我看来，这一次的思政集中实践是充实而又圆满的！

在廖警官夫妇的讲演中，我看到了一名普通警察对自己岗位的坚守，用自己的点滴努力，为社会的美好发展贡献出自己的一份力量。作为一名人民警察，我们身上肩负着神圣的使命，随时都为未来的考验准备着，这是一个让人生畏，而又默默无闻、普通平凡的职业。鸡毛蒜皮的邻里吵架需要我们，街坊之间的小打小闹需要我们，血腥可怕的犯罪现场需要我们，我们便是老百姓的保护神，老百姓心中可信任的依靠。如同歌中所唱，人民警察，赤胆忠心，铁血柔情，我们用浑身正气维护一方安宁，我们用担当肩负起沉甸甸的责任，我们用责任捍卫国家的尊严，我们用生命的音符谱写动人的乐章！作为预备警官的我们，更应该时刻保持这样的思想意识，坚定崇高信念，以高标准严格要求自己，无私奉献自己的青春和热血，真正实现“立警为公、执法为民”！

在听了年轻狙击手邹晶的演讲后，我在惊讶于他精彩人生的同时，也感受到了他作为一名特警的不容易。在深山中几天几夜的荒野求生，是对意志力、体力的残酷考验；精准的射击要求，是对射击技能和心理素质的磨炼。正是这些高强度的体能训练、严苛的管理、强健的体魄、坚定的信念最终才铸就了如今的辉煌。的确，不是人人都能当上狙击手。但是，我们更应该学习的是要成为一名狙击手背后付出的努力。还在学校中作为预备警官的我们，要时刻牢记自己身上的责任，努力学习好自己的专业知识，加强自己的身体素质，练就自己各项技能，机会是留给有准备的人，为有朝一日有用武之地提前做好准备！

让我感受最深、受益最多的便是泸州市刑侦支队副支队长董警官的精彩演讲。他让我对如何成为一名优秀的人民警察有了全新的认识。首先，树立责任感和大局意识是当好一名警察的前提条件。作为一名人民警察，心中要有大的格局、大的胸怀，对于领导安排的工作，必须服从，而且要做到愉快地接受安排。只要在这个岗位上，就要全心全意履职，在每件工作任务的完成中，随时想到对组织负责、对人民负责，经得起历史的检验。其次，要始终树立勇于拼搏、自强自信的理念，这是做好工作的动力。在工作中，要树立不怕困难、勇于向困难挑战的理念。做任何一件事，我们都要有充分的信心和决心，在困难面前不畏惧、不退却，这是为我们最终完成任务奠定的良好基础。正因为心中有必胜的信念，我们就会去想办法，找准解决问题的最佳时机。再有，要树立始终忠于国家、服务人民的信念，这是做好工作的思想基础。我们是捍卫中国特色社会主义事业的人民警察，我们从事的每一项工作都要坚持中国共产党的领导，虽然我们是代表不同的单位开展工作，但我们工作的宗旨是全心全意为人民服务。因此，我们在工作生活中，要牢记对党、对人民、对组织的高度负责。最后，要始终恪守道德标准和清正廉洁的底线，这是做人做事的基本标准。作为一名人民警察时，我们每个人手中都掌握了一定的权力，我们在行使这些权力时，不能高高在上、脱离群众、欺压群众，更不能利用职务之便，去贪污腐败，要切实树立为人正直、为人厚道的良好作风。

法纪教育中心的参观活动，让我对廉洁自律有了进一步的理解和认识。在社会主义市场经济快速发展时期，有些党员干部在个人欲望和利益的驱使下逐步淡漠了法纪观念，忘记了一个共产党员的宗旨，在权力和金钱面前丧失原则，利用职务之便做出违背共产党员原则的事情，迈向了罪恶的深渊，把自己送入了监狱之门。古人云“公生明，廉生威”。墙上的各种贪污腐败案例都触目惊心、发人深省，太多人因为自己的贪念和欲望走向了犯罪的深渊，最终落得身败名裂。教训是深刻的、令人心痛的！前事不忘，后事之师，我们一定要从这些案例中吸取教训，引以为戒。作为预备警官的我们，更要加强自身的道德修养，打牢思想政治基础，始终保持良好的学习习惯，不断提高自身素质和能力；要始终坚定信念，保持廉洁自律的行为规范，常怀律己之心，常修为官之德，始终保持作为一名优秀人民警察的浩然正气！

在为期一个星期的学习中，我强化了自身思想道德意识，深化了对公安工作的认识，提高了思想理论素质，不仅学习到了许多知识，而且与老师、同学结下了更深厚的友谊。我将以此次的集中实践教学活动作为人生旅途的一个加油站和新的起点，在今后的学习生活中更加求真务实、努力勤奋，积极开拓创新，努力成为一名优秀的人民警察，做到“忠诚为民，勤学成才”！

塑思想，强教育，筑警魂

治安 1501 区队　彭海桐

新时期，新理念，作为当代大学生，良好的政治素质和优秀的纪律作风是必不可少的。为推进学院“大思政”育人工程深入开展，创新“大思政”育人模式，深化思政课教学改革，培养“信念坚定、执法为民、敢于担当、作风过硬、纪律严明的”公安专门人才，突出“政治过硬为首要标准、绝对忠诚为第一要求”的人才培养规格。七月份，我们进行了为期一周的思政课集中实践教学。从第一天周长明副院长做的“当前我国的意识形态安全问题”讲座到最后一天唱红歌比赛时同学们的激情昂扬，体现了思政课集中实践学习的重要性和必要性，进一步增强了同学们的政治思想意识，提升了政治觉悟，为以后的立警为公、执法为民打下了良好的基础，为培养新时代作风优良的人民警察做出了创新性探索。

周院长的讲座让我们了解了当前我国意识形态安全领域面临的问题。意识形态工作是党的一项极其重要的工作。当前我国面临巨大的机遇。首先，国际金融危机的影响，弱化了西方意识形态的话语权。其次，中国经济的崛起使中国对自己主流意识形态的重要性认识增强。最后，在世界范围内的意识形态斗争中，存在大量可供我们利用的价值和借助的力量。但是，机遇并不代表当前的发展就是一帆风顺的，我国面临的意识形态安全形势依然严峻。首先，有来自外部世界的压力。敌对势力的西化和渗透严重威胁我国意识形态安全，并侵蚀着我们的价值观。其次，经济全球化也使我国的意识形态受到挑战。最后，内部的问题也不可忽视。新自由主义、历史虚无主义等的出现，使我国意识形态安全受到极大挑战。作为当代大学生，必须牢牢把握自己的内心，坚定政治自信、政治自觉。

生活不止眼前的苟且，还需要诗和远方。我们应该树立自己的理想，过一种有梦想有追求的生活。青春就是用来追求梦想的。“当你不去拼一份奖学金，不去过没试过的生活，整天挂着QQ，刷着微博，逛着淘宝，玩着网游，干着我80岁都能做的事，你要青春干嘛？”人不应该做一个二十岁仿佛已经死去、到八十岁依然没有梦想的无脸人。人生应该有着大胸怀、大情怀和大气魄。心学大师王阳明曾这样说道：“吾心自有光明月，千古团圆永无缺。山河大地拥清辉，赏心何必中秋月。”刘文芳教授这样教育道：“奋斗才是我们应该做的”。

作为未来政治素质过硬的优秀人民卫士，欣赏红歌、了解红歌、学习红歌是我们坚定信念的一种有效方式。7月9号下午我们组织了红歌欣赏与学习，这极大地培养了我们的革命情怀，塑造了忠诚警魂。在教室里，同学们饱含激情慷慨地唱出了我们的誓言，唱出了我们的理想。

当三位公安英模和最美警察以饱满的精神站在大礼堂讲台上的时候，我感受到了他们心中的自豪与骄傲，作为人民警察，他们是优秀的。但是荣誉的背后，他们又付出了多少的辛酸！多少的艰辛！但是他们的付出都是自愿的。当他们在自己的岗位上尽职尽责的时候，他们挽回了多少百姓的损失，这是他们用自己的坚持与付出赢得的荣誉。我们要向他们学习！

陈国淑，全国公安机关爱民模范，从1999年从警直至今日，已有十七余年了。她在平凡的岗位默默坚持、默默奉献着，为百姓干实事，为百姓排忧解难，甘当人民的好公仆。她情系警营，为爱前行。百姓的信任和依赖是她工作的动力。作为人民警察，她是我们学习的榜样。

李永权、母俊峰，被评为“四川省首届十大最美人民警察”。还记得母警官讲述他的职业生涯时是那么的幸福。母警官从部队转业回来，在办案过程中十分仔细，有很强的责任心。上岗之后，他经常与百姓交流，了解辖区情况，熟悉路段。他总结，要多与百姓交流，化解群众间的矛盾；他指出，很多的案子都是由小矛盾引起的。母警官说，作为人民警察，你总会触及到别人的利益，但是你要相信，大部分百姓说你是对的，那么你的工作就是值得的。

7月10日下午，厉华馆长的以“弘扬革命传统，传承红岩精神”为主题的演讲，给我们的精神和灵魂带来了一次升华，让我们又一次走进历史，重温革命志士的不屈抗争史，感悟他们的不屈情怀和革命激情。

信念的力量是强大的！有了信念，我们才有未来。红岩魂，是信仰的力量，他们是为了信仰而战斗。有了信仰，才有胜利的希望。他们忠诚于自己的选择！何功伟他们修身律己，严格要求，做到了党性和人性的统一。他们有自己的信仰，为了信仰，为了胜利，他们执行党的任务最坚决。张露萍、韩子栋等人对党心存敬畏，对党的纪律严格遵守。刘国志等人严格要求自己，绝不玷污党的荣誉。

作为革命志士，他们最不缺的就是热血。国难当头，自身的安危事小，国家的安危事大。天下兴亡，匹夫有责！

但是，成功的背后一样有血和泪的嘱托。任达哉、涂孝文不执行纪律，缺乏对组织的忠诚。1948 年被捕后，涂孝文交代了属于他领导的唐虚谷和杨虞裳等地下党员的住地。“书记叛变，全党遭殃。”中共下川东地工委书记涂孝文的叛变，使得下川东地下党组织系统几乎彻底瓦解，江竹筠、李青林、李承林、雷震等一大批地下党骨干分子几乎无一例外地被敌人逮捕。这是对党、对革命的背叛。

11 日，我们在学院老师带领下，参观了护国战争纪念馆和市法纪教育中心。护国战争纪念馆是当年护国战争棉花坡战役时朱德的作战指挥中心。在护国战争纪念馆，我们见证了朱德将军的革命风采，感受到了那段岁月的峥嵘与辉煌。下午参观法纪教育中心，我们见到了形形色色因把持不住自己内心贪欲而走向堕落的人。他们中，有因金钱而腐蚀了内心的，也有因为利益而陷入深渊的。作为未来的人民公仆，我们要严守纪律，坚守自己的初心，绝不做违法乱纪之事。

12 日，我们聆听了南开大学经济学院何自力教授的“西方国家经济停滞常态化与中国模式的世界意义”专题讲座，从中我们领悟了马克思主义具有旺盛生命力的根本原因，以及当代大学生学习马克思主义基本理论的重要性。四川大学马克思主义学院蒋永穆院长关于资本论的对话交流，让我们知道了当前的世界经济发展趋势。我们应该好好学习理解马克思主义，因为马克思主义旺盛的生命力是推动国家、推动社会甚至推动整个时代发展的动力。

思政集中实践学习让我们无论是思想觉悟还是道德素质都有了很大的进步。7 月 13 号，在“奋斗青春——让梦想起航”演讲大赛上，同学们激情的演讲给我们带来了思想的启发。

经过为期一周的学习，在成为“信念坚定、执法为民、敢于担当、作风过硬、纪律严明的”公安专门人才的道路上，我们又迈进了一大步。最后，我坚信我们一定能够成长为合格的预备警官！

学习“大思政”，铸就忠诚警魂

治安 1501 区队　伍金凤

期末考试刚刚结束，在学校统一组织下，我们四大队全体同学留校，参加了思政课暑期集中实践教学活动。此次活动长达一周，学校思政部精心筹划了丰富多彩的活动，这对我们深入了解国情、进一步增长见识、树立理想信念起到了巨大的促进作用。通过此次学习，我深刻地了解到当代中国发展的前景以及社会存在的一些矛盾和问题，意识到自己作为一名预备警官身上所担负的责任和使命，更清晰地意识到自己在以后的三年中如何发展自我，如何前进！对于此次活动，我的总结如下：

一是树立危机意识与远大理想。周长明教授在讲座中，用无数的事实和素材向我们证明：从古至今，因为国人没有强烈危机意识所导致的一系列国家安全与意识形态危机。随后，他从各个方面为我们分析了我国意识形态面临的挑战并提出了自己的见解。全面深化改革的过程中，面临很多深层次的问题，也涉及很多重大的利益问题。政治关系背后是经济关系，而它的表现是意识形态。马克思告诉我们：经济决定政治，决定思想文化，决定意识形态。此次报告，我们了解到由于缺乏危机意识，中国面临着许许多多大的问题，如环境的恶化、资源的匮乏、恐怖主义的威胁、人口的膨胀、人口老龄化、男女比例失调等。这些需要中国的年轻一代去思考，去解决。作为预备警官的我们，应该比其他人看得更远，树立危机意识。时刻提醒自己：居安思危。

紧接着，刘文芳老师与同学们交流了一个主题“诗意的人生和远方的理想”。首先，老师给我们讲了生存和生活，人既有肉体存在，也有精神存在，而人生更重要的是后者。生活不止眼前的苟且，还有诗和远方的田野。生活会给我们太多出其不意，不管有多失望，请不要忘了生活中还有诗。诗意的人生更能温暖人心，让心灵自由。除此之外，我们还应该树立远大的理想，让我们的人生更加精彩。没有理想的人生没有意义，正如天使没有翅膀就无法飞翔。

第二天，陈国淑、李永权、母俊峰，三位英雄人物在大礼堂与我们分享了他们从警路上的点点滴滴。他们的每一个故事都如同一部电视剧，剧中情节跌宕起伏，时而惊心动魄，时而幸福温馨。但它们都有一个共同的主题：忠诚为民。他们有一颗忠诚为民的心，他们传承了“为人民服务”的雷锋精神。我有时在想，他们是怎么做到的呢？终于，我找到了答案：他们树立了自己的理想；又或者说，他们树立了自己的职业理想。由此可见，树立理想对于我们来说是多么的重要。在这次的交流会中，令我印象深刻的是陈国淑师姐，陈国淑师姐是我们警校毕业的。她，儿时的警察梦，坎坷的从警路。而这一切都仅仅源于她的理想，因为有了理想，在困难面前，她坚如磐石；因为有了理想，在面临他人质疑、劝说时，毫不动摇。这些让我们明白了树立理想的重要性，因此，我们作为一名预备警官，应树立远大的理想，并为之奋斗终身！

每个人都应该有信仰。第二天下午，重庆市红岩历史博物馆馆长厉华为我们带来了“红岩魂——信仰的力量”的讲演。厉华先生重温历史，讲述了在白公馆中许许多多的充满血性和党性的共产党人的英雄事迹：舍生取义，决不妥协的刘国志同志；心存敬畏，执行力强，严于律己的黎琳、韩于栋；不计较个人得失，以国家民族为重的千古功臣——杨虎城将军等。他们每个人的身上都闪烁着红岩魂的信仰光芒。从他们身上，我看到了信仰的力量。再次提起信仰一词感觉熟悉又陌生。小时候的我不知天高地厚，有着自以为是的信仰，总以为只要有自己的信仰，没有粮食也可以活下去。渐渐地，也许是被社会化了，又或者是长大了明白了生活的涵义，那个词在我的脑海中越来越模糊。直到此次厉华老师的演讲，那个词又变得渐渐清晰起来。是的，每个人都应该有自己的信仰。人有了信仰，就是有了精神力量。如果信仰是崇高的，人就会努力使自己成为具有高尚的思想境界和道德品质的人，从而不断去努力追求自己的理想，塑造一个美好的社会角色。“求木之长者，必固其根本；欲流之远者，必浚其泉源。”作为预备警官的我们，应坚定对马克思主义的信仰，坚定对社会主义和共产主义的信念。把对党的信仰植根于灵魂深处，内化于心，外化于行。不忘初心，方得始终。让信仰的力量引领我们砥砺前行。

第三天上午，我们在指导老师的带领下，来到了位于纳溪区的护国战争纪念馆。这里有着专业的解导员，她带着我们一一参观各个展厅，并进行详细的解说。我们了解到该纪念馆是纪念护国战争中蔡锷、李烈钧、朱德等一系列英雄人物反抗袁世凯北洋军阀，带领护国军打出如棉花坡等卓越战役的英勇事迹。纪念馆中陈列着各种各样的当时护国军队使用的武器以及一些生活用品。在整个参观过程中，令我印象深刻的是一张作战地图，面对当年惊心动魄的局势，我感到无比震撼。如果当时是我来指挥作战，那需要多么大的勇气啊，还需要足够的才能、丰富的作战经验。在指挥作战时，不允许有一丝的差错，正如下棋，一步走错，全盘皆输。此刻，我仿佛身临其境，感受到这场胜利战争中的辉煌和智慧，以及蔡锷、李烈钧、朱德等人的革命热情和他们的雄心壮志。

下午，我们又去到了泸州市法纪教育中心。在那里，我们看到了一张张苍白、憔悴的面孔。他们中有人曾经取得辉煌的功绩，却因为没有控制自己的欲望，而一步步走向万丈深渊。如今被锁在铁窗中，他们失去了所有，而这仅仅是第一次的放纵导致的。正所谓“一步错，步步错”，不管如何悔恨，都不可能重来；因为人生如戏，没有彩排，都是现场直播。贪污腐败就一定会受到惩罚，为了一时的私欲而毁掉自己的所有，值得吗？有时候真的替他们感到悲哀。有句话说得很对“可怜之人，必有可恨之处”。他们的落魂让人同情，可他们在背后做的事又让人咬牙切齿。当我看到这一幕时，我惊呆了，原来中国的贪污腐败官员的案例早已被记录下来，足以让后人反思。作为预备警官的我们，在以后的公安事业中要随时保持一颗廉洁的心，用我们的廉洁灵魂抵制一切金钱与权力的诱惑，紧握公平正义的法杖，严格遵守法纪，为人民群众服务，推动我国法治建设的进程，捍卫国家与人民的尊严！

第四天，南开大学经济学院何自力教授为我们带来“西方资本主义经济停滞常态化与中国模式的世界意义”专题讲座。何自力教授从人类历史发展方向讲述了西方资本主义经济的发展史以及西方资本主义经济停滞常态化的原因，接着分析判断未来西方包括美国等大国在内的经济最终会走向衰退。此外，他还运用大量的调查资料充分论证中国特色社会主义经济模式的先进性与优越性，并大胆作出预测，我国经济实力必将超越美国，并保持稳定发展。何自力教授用大量数据说理，让我们感受到作为一名中国人的自豪与骄傲，鼓舞了作为新一代青年的我们。让我们下定决心为国家经济建设献出自己的一份力量；让我明白了作为一名中国人所需要付出的心血；让我明白了作为预备警官所应该担负的责任。

最后一天上午，学校在礼堂举行了“奋斗青春——让梦想起航”主题演讲比赛，而我恰好是参赛选手。很多人都认为，对于一个从未演讲过的人来说，面对礼堂中那么多的人，心里难免紧张，可是在演讲时，我却丝毫不紧张，因为我战胜了心里那个自己，我感到高兴！然而，众所周知，演讲必须要有演讲稿，我的稿子是在最后一个晚上赶出来的。其实考试结束后，我就马上开始准备稿子，稿子修改了无数遍，不是结构不严谨，就是词汇太华丽，又或者是字数不够，最后在同学们的帮助下，我终于成功地写好了稿子。可是我却从来没有在区队上排练过一次，这让我感到一丝的担忧和紧张，会不会出错呢？由于时间的紧迫，我没有时间来考虑这些，晚上拼命地背稿子，不断地想象着自己站在台上演讲。苦心人，天不负，最后我取得了令自己满意的成绩，没有留下遗憾，如此便好！在这个过程中，我很感谢那些帮我修改稿子的同学，以及不厌其烦地听我背稿子的好室友，还有台下为我鼓励、喝彩的全区队同学！经过这一次的演讲，我似乎明白了演讲的真谛：说服他人！用你的语言去感染、说服他人。下午，进行的是红歌比赛，我们区队取得了骄人的成绩，而这一切都离不开每位同学的付出与努力：学习委员和文艺委员深夜找节奏，同学们积极努力配合，完成了这项巨大的工程。每一条成功之路，都是充满坎坷的。任务的停滞不前，让学习委员倍感焦灼，眼角充满了心酸的泪水，却仍然在深夜默默付出。区队同学没有任何一个人选择放弃，因为我们是一个团体，每个人都是这个团体的一部分，我们没有理由放弃，我们为荣誉而战，我们渴望光荣！这些让我明白了：一是成功的路上充满了说不出的心酸与努力，我们不应该只看到它华丽的表面；二是团队的重要性，任何人都不可能离开团体单独存在！

作为警校生，作为未来的人民警察，我们应该铸就忠诚警魂，努力提升自我，从而更好地服务人民！服务社会！

铿锵路，战辉煌

治安1501区队　肖琳红

7月，我作为四大队治安一区队的一员，参与了学院组织的暑期思政课集中培训。

7月9日上午，由刘文芳老师与我们交流一个话题“诗意的人生和远方的理想”。刘老师从她自身读大学的经历出发，联系现在大学生读大学的现状，给我们上了一堂生动的理想信念课。大学只是崭新的起点，不是成功的终点。它只是一个提升自我、充实自我的过程。我们生活在大学，与理想为伴，用汗水、顽强奋斗、坚韧、善良与勇敢，铸就成功。“生活并不只是眼前的苟且，还有诗和远方的田野”，这是我印象最深刻的一句话。大学也许只是我们的另一个开始。下午，所有区队同学在教室练习红歌。我们区队选唱《铁道游击队之歌》和《歌唱祖国》。大家意气风发，满怀着激情与热血，唱出了对祖国的热爱和对抗日人民军队的敬佩之情。此起彼伏的歌声响彻整个教学楼，歌声化作凉爽的风吹走了同学们心头的燥热，那份敬佩与作为社会主义接班人的自豪久久萦绕在心头。

7月10日上午，所有同学在礼堂外集合，参加以“理想信念教育”为主题的系列讲座，聆听来自南开大学经济学院何自力教授与来自四川大学马克思主义学院蒋永穆教授所作专题讲座。何自力教授以“西方资本主义经济停滞常态化与中国道路的世界意义”为题，向在座师生诠释了马克思主义理论在中国特色社会主义发展道路上的重要性。他寄语在座预备警官，要在坚定理想信念的基础上树立正确的价值观。四川大学马克思主义学院院长蒋永穆教授以“《资本论》及其现代价值”为题，向师生们讲述了马克思卓越的理论贡献和《资本论》的时代魅力，从理论和实践两方面有力地论证了中国特色社会主义理论是马克思主义一脉相承的伟大发展。

最后，思政部主任刘文芳教授寄语在座预备警官们：理想不是让你瞬间伟大，而是让你的人生充满希望和色彩；理想不一定成就你的人生，但一定能丰富你的人生。我们要树立远大的理想信念，现实与理想的结合才是成功的根本。以“崇高的理想信念，点亮出彩人生”为主题的学术讲座，在掌声中圆满结束。

7 月 11 日，是令同学们兴奋的一天，“忠诚警魂”主题教育在学院礼堂举行。学院邀请了荣获“四川省首届十大最美人民警察”称号的陈国淑、李永权、母俊峰三名民警与我们做交流。首先是陈国淑师姐，她是全国公安机关爱民模范。从警十七年来，她时刻把群众装在心里，做到了情为群众所系，利为群众所谋，从一点一滴做起，为群众办实事、办好事，切切实实做到为人民服务，不滥用权力，秉公执法。李永权，作为最美警察的他已经从警七年，从未遗忘自己的理想信念。“忠诚，为民，公正，廉洁”，成就了一名优秀的人民警察。他，嫉恶如仇，是犯罪分子的克星；他，舍身忘我，是群众心中的依靠。平凡的警察也有不一样的梦。最美警察母俊峰始终认为：群众眼里的大事，或许在警察眼里就是很平常的小事。但只要将小事做好，将群众利益放在心上，就能时时急民之所急，解民之所忧。群众始终是警察的挂念，做好每件“小事”，才能成就大事。

紧接着的互动环节，让同学们就警察职业和公安工作与几位优秀民警进行互动。同学们积极向几位先进典型了解有关工作与家庭的权衡、大学与工作的联系、公安工作中的感人事迹等问题。他们细心的解答不仅进一步加深了大家对公安工作的理解，也更坚定了大家的从警之路。最后，学院聘请三位英模为思政课特聘教师，他们必将不断用自身的职业精神、感人事迹影响教育全院师生，用实际行动铸就忠诚警魂。

接下来，同学们又在紧张的红歌排练中度过了一个愉快充实的下午。在红歌排练过程中，大家的激情与创意也越发凸显出来，排练的队形也越发整齐，歌声也越发洪亮。所有的区队同学在面临比赛时都积极认真，创意十足，信心倍增。

7 月 12 日，不得不说是令人印象深刻的一天，外出参观！

上午炎热的天气并没有阻挡我们的脚步。我们朝着目的地——泸州纳溪区护国战争纪念馆进发。我们了解到，棉花坡战役是一场扭转护国战争局势、在护国战争中具有重大转折意义的关键战役。解说员向我们解说当年的这场战争敌我双方力量对比及战斗整个过程，提醒着我们当年这里曾经发生过一场激烈的战争。

走进纪念馆，一件件珍贵的历史文物，生动再现了护国军在纳溪人民的积极支持下，取得了以少胜多的棉花坡战役的重要胜利。纪念馆位于棉花坡镇陶家大院，陶家大院展现的川南民居建筑的传统文化，还见证了铁血护国的峥嵘岁月和纳溪儿女的赤子丹心。整个纪念馆分成护国战争综合展厅、蔡锷展厅、朱德展厅、棉花坡战役展厅、纳溪区人民支援护国战争展厅、影视厅、人文历史展厅和民俗文化展厅。在此我们接受了一次红色文化与人文历史的有机融合的革命传统教育。

由此，我想到了之前重庆市红岩历史博物馆原馆长厉华研究员的“红岩魂——信仰的力量”学术报告。他告诉我们要忠于自己的政治选择：为天地存正气，献身真理以利国家；纵然粉身碎骨，此志不渝气节存！做到天下兴亡，匹夫有责，厚德载物，自强不息；以身殉职，不亦伟乎！我们看到革命先烈用鲜血捍卫真理的意义，用生命表达的绝对忠诚。

我们在重温这段红色历史的同时，学会了学史爱党，知史爱国。不断反思，以史为鉴，坚定理想信念，继承光荣传统，提升自我政治素养。

下午我们前往泸州市法纪教育中心。通过参观一个个贪腐案例、一幅幅廉政知识长卷，我们接受了一次思想洗礼。在以后的从警路上、人生路上要常怀律己之心，常思贪欲之害，常修为政之德，永葆廉洁本色，警钟长鸣。

7 月 13 日，暑假思政实践的最后一天。同学们参加了在礼堂举行的以“奋斗青春——让梦想起航”为主题的演讲比赛。各个区队代表激情热血，用语言放飞自己的青春梦，用满腔的激情抒发自己的理想。身为警校生的我们渴望青春的热血，渴望梦的翅膀。追逐自己的梦想，怀着那份不朽的忠诚警魂，身着藏青警服去扛起属于警察的一份责任担当。我们渴望光荣，渴望去建功立业，定会用心去铸就那份光荣，用行动去捍卫社会的那份安宁。我们举起紧握的拳头，站在神圣的国旗下，庄严宣誓。从这一刻起我们比别人多了一份责任，也多了一份光荣。我想，从那一刻起我便属于这个国家，属于人民。

下午，红歌比赛开始，我们用歌声唱出自豪与骄傲。

每个区队各个同学脸上洋溢的是对红色革命的敬佩与崇拜。《没有共产党就没有新中国》《五星红旗》《歌唱祖国》等一首首经典红歌在礼堂上方久久盘旋。这一刻，同学们忘了比赛，都在为各个区队加油助威，大家成了战友，成了一个大家庭，我想大家都是胜利者！

此次暑假思政集中实践，对我来说是一次全新的体验。它带给我们的不只是对爱国主义精神的培育，还有对党、对社会、对集体主义观念的提升。中国特色社会主义道路是正确的选择，人民民主专政是对中国广大人民群众利益最好的维护。它符合先进生产力的发展要求，符合最广大人民群众的根本利益，符合先进文化的发展方向。中国必将在这条光荣且伟大的路上越走越远。

对于我而言，警察是令我自豪的职业。作为预备警官的我也坚定着自己的道路，扛起肩上的责任，用自己的力量为社会、为国家做出贡献。青春不止，梦想不息。因为我自己与众不同的选择，我将活出与众不同的人生。它必将多一些伤痛，多一丝不解，多一分责任，多一份担当。路漫漫其修远兮，吾将上下而求索！我面朝神圣的国旗，唱出最自豪的歌，在这条路上铿锵前行！

风雨兼程　不忘初心

治安 1502 区队　董思利

时光匆匆，为期一周的思政暑期集中实践教学早已结束，但一切都似乎依然历历在目。这一周，有欢笑，有泪水，更多的是收获了很多课本上学不到的知识。

第一天是开训仪式，周长明老师与刘文芳老师对我们进行了理想信念教育。周长明老师为我们讲述了当前我国意识形态安全问题——国家安全，早已不仅仅指领土、领空、领海、经济等方面，更重要的还有政治安全和意识形态安全。通过老师的讲述，我更好地理解到了政治对经济的反作用、对文化的影响；了解到意识形态领域的斗争是一场没有硝烟的战争，也了解到当前国际政治经济的格局及其变化。刘文芳老师的“生活不止眼前的苟且，还有诗与远方”这一句话使我记忆犹新。我对这句话的个人理解是：人生在世，我们纵然要舍弃，纵然要妥协，纵然要低姿态，但这并不是人生而存活的目的，恬然优雅地生活着，拥有勇气和激情，才是我们“苟且”的目的，要把苟且当作“跳板”，奔向未来美好的日子。是啊，崇高的理想信念点亮出彩人生，理想不是让你瞬间伟大，而是让你的人生充满希望和色彩；理想不一定能成就你的人生，但一定能丰富你的人生。还要记住，生活不止眼前的苟且，还有诗与远方；生活不止眼前的苟且，我们还要付出与奉献；生活不止眼前的苟且，我们还有梦想和信念。

第二天上午，三位公安英模就警察职业理想与职业精神对我们进行了忠诚警魂教育。二级英模陈国淑用自己的行动，切切实实做到了把群众装心里，急群众之所需，想群众之所想，为群众办实事，践行了“为人民服务”的宗旨。另外两位就是最美警察李永权和母俊峰。如果说奉献是警察的血液，那么为人民服务就是他们生命的合唱，他们让危难者脱险，让违法者落网，让爱照亮每一段回家的路；他们是人民群众的贴心人，时刻把老百姓的冷暖放在心上，整天为辖区群众的事忙忙碌碌，有血有泪，方显男儿本色；有爱有情，则是人民警察书写的真实答卷。听了他们的报告，让人感叹“所谓岁月静好，是因为背后有人民警察在替你负重前行”。通过他们的讲述，我了解到，他们都经历了变化和历练——对警察这个职业，从一开始的敬畏与好奇，到如今的适应与自豪。警察的真实生活是平淡的，即使以后参加工作了和现在也应该差不了多少，生活本来就是平淡的，但平淡的生活从来就不平凡。她不仅有春天的花朵、夏夜的明月，也会有秋天的泥泞、冬天的冰雪。但生活中的一切美好、一切愿望、一切成就不都是来源于平淡么？“看似寻常最奇崛，成如容易却艰辛”，王安石的这句名言教导我们要甘于平淡，崇尚平淡，只有能真正感悟平淡、享受平淡的人才能称得上是真正懂得生活的人。也只有如此，方能有所成就，有所成绩。因此，既然选择了警察这个职业，我们就要甘于平淡、甘于奉献！

下午，我们参加了由重庆市红岩历史博物馆原馆长厉华研究员所作的“红岩魂——信仰的力量”红色主题报告。其主旨是为了弘扬革命传统，传承红岩精神。馆长为我们讲述战争时代的英雄烈士们，他们忠于自己的政治选择，他们牢记“天下兴亡，匹夫有责”的信念，他们留下血与泪的嘱托，用死亡捍卫生命的意义，用生命表达绝对忠诚。通过学习、重温党的革命历史，我们更加坚定了自己的理想信念，决心继承党的光荣传统，提升自身的政治素养。

第三天上午，我们参观了护国战争纪念馆。历史丰碑“护国岩”与永宁河畔十里翠竹长廊，青山绿水融为一体。此处石碑矗立，翠竹摇曳，碧波荡漾，风光旖旎，吸引人们前往护国岩寻幽揽胜，凭吊先贤。跟随着讲解员的脚步，我们了解了历史，感悟了历史。我们全面了解到护国讨袁战争的历史意义，深刻认识了在泸州驻防五年之久的朱德对孙中山先生提出的“三民主义”是多么忠贞不渝，他对泸州人民洒下的满腔热爱、他那种忧国忧民的思想，一直长存在川南老百姓的心里。“滇南壮士集云溪，听铁马声中，三渠洪水开天地；冀北胸襟欢纳带，看朱坪阵上，万里烽烟动古今。”通过参观，同学们都表示，我们会永远铭记朱德元帅当年写下的感动山河的楹联，让革命先辈永远活在我们的心中！

下午，我们参观了泸州市法纪教育中心。通过参观中心一幅幅廉政知识长卷，我们也接受了一次思想的洗礼。“为了国家的昌盛，为了人民安宁，人民警察与各种犯罪活动进行永无休止的斗争，直至流尽最后一滴血；为了神圣的使命，为了牺牲的战友，人民警察宁愿清贫，永不贪赃；以我廉洁，守护正义；从警一日，清廉一生。”这是人民警察在中华人民共和国国徽下的廉政宣言，也是人民警察终其一生要履行的使命。古有“清风两袖去朝天，不带江南一寸棉”的超然情怀，也有“一日二餐唯是藕，看看口里吐莲花”的怡然自乐；今有任长霞式的警察以自己的毕生心血忠实地履行“立警为公、执法为民”的神圣职责。他们拒绝宴请，拒绝送礼，不得不说他们是一座座人民警察的丰碑。是啊，做一名清廉的警察最幸福，保持清廉的品性又有何不好？虽然每天吃着普普通通的家常菜，住着朴实无华的小住房，但不用担心别人在背后的指指点点，不用担心有一天会东窗事发，只用秉承着为人民服务的宗旨，并将其一点一滴地保持下去；“公生明，廉生威”，在物欲横流时，不去为那“五斗米”折腰；在青葱绿林中，坚定清正廉洁的品性……即使很平凡，也是一名合格的、幸福的人民警察。

第四天，我们在学院礼堂参加了以“理想信念教育”为主题的系列讲座。南开大学经济学院何自力教授就“西方资本主义经济停滞常态化与中国模式的世界意义”为主题，向我们阐释了马克思主义理论在中国特色社会主义发展道路上的重要性。四川大学马克思主义学院的蒋永穆院长以“《资本论》及其现代价值”为题，向我们讲述了马克思卓越的理论贡献以及《资本论》的时代魅力。两位专家的讲座让我更加坚定了中国特色社会主义理论对中国前进道路的指引。

不知不觉间，已到了集中实践的最后一天。上午在礼堂举行了以“奋斗青春——让梦想起航”为主题的演讲比赛。青春的奋斗没有止境，台上每位演讲者充满激情的演讲深深感染着在座的每一个人，大家发自肺腑地为他们加油，为他们呐喊。下午我们奏响爱国旋律，用气势磅礴、别具一格的合唱比赛为此次思政课暑期实践画上圆满的句号。台上的同学们尽自己最大的努力为区队争光添彩，台下的同学们则热情地为他们鼓掌，也为自己鼓掌。

思政课暑期集中实践已落下帷幕。感谢学院老师们组织的这次暑期实践，它让我更好地理解了警察这个职业，了解了我们的党史，了解了我国的国情。同时更重要的是，这次集中实践教学让自己懂得，既然选择了警察这个职业，那就要风雨兼程、不忘初心。让人不舍和留恋的暑期实践，我们下次再见！

不忘远方　砥砺前行

治安 1502 区队　龙雯琳

时光飞逝，在同学们朗朗的歌声中为期一周的暑期思政课集中实践活动结束。此次活动的深入开展是为了创新学院“大思政”育人模式，深化思政课教学改革，培养“信念坚定、执法为民、敢于担当、作风过硬、纪律严明的”公安专门人才。有这样一句格言“警察是人民看得见的政府”，所以一名合格的人民警察必须有良好的政治素养和思想觉悟。因此这次教学活动主要围绕大学生应该怎样树立正确的人生观、价值观和世界观等方面展开，同时学院请来了专家教授和最近才当选“四川省首届十大最美人民警察”的三位人民警察与我们分享交流经验，传递成熟的思想。

在开训仪式上，思政部刘文芳主任给我们提出了一个人生的座右铭——“生活不只眼前的苟且，还有诗和远方”。我不由陷入思考，我记得老师问过我们一个问题，“到了大学还有多少同学在背诵诗词？”举手的同学屈指可数，其实诗词能让生活富有诗意，让人的精神世界得到升华。可是现在许多大学生却持有这样的态度和看法，那就是学习知识就要学实用的，不考试的科目就不学，以后用不着的也不用心学。再加上现在科技不断地进步，网络填满了我们的日常生活。实时更新的新闻成了我们的眼界所到之处，各种应用软件成了我们了解世界和与外界交流的途径，我们无时无刻不拿着手机，像稀世珍宝一样爱护着它，渴望从不停刷新的界面上获取到最新鲜的新闻资讯和娱乐八卦。这些碎片化的、无聊的“知识”充斥于我们的精神世界，愈发贫瘠就愈发想沉溺于网络虚拟世界。为此学院给我们开设思想政治理论课，积极给我们宣传党的创新理论。这不仅仅是因为作为一名大学生，我们应该具备独立、有见解、有鲜明特色的思想，更重要的是作为一名警校生、一名预备警察，我们的政治思想、政治素养必须要合格，要为成为合格的人民警察做好充分准备。所以作为预备警官的我们，不能满足于眼前的“苟且”，而要有自己的“诗意”和梦想的“远方”。

这次活动带给我的感受之一就是对警察这个词有了更深刻的理解。忠诚警魂教育环节，学院为我们请来了三位“最美警察”，他们分别是二级英模陈国淑、最美警察李永权和母俊峰。从他们身上，我看到了作为一名人民警察应该具备的一些基本素养。首先，认真践行人民警察的宗旨——全心全意为人民服务，时刻把人民群众装心里，急群众之所急，想群众之所想，从一点一滴中做起，为群众办好事、办实事，切切实实履行为人民服务的宗旨。其次，将忠诚、为民、务实、清廉当作自己的目标，成为犯罪分子的克星、人民群众的依靠。要培养敏锐的发现问题的“触角”，及时发现并解救处于危难中的人民群众。学院对我们严格训练、严格要求、严格管理目的就是培养我们这方面的能力，适应社会的发展，做一名优秀的人民警察，更好地为人民服务。

下午，我们在学院的统一组织安排下参观了泸州市法纪教育中心。通过参观一幅幅廉政知识长卷、一个个贪腐案件，我们接受了一次思想上的洗礼。贪腐行为，源于人的信仰缺失与三观沦陷，这是祸国殃民、害家毁身的行为。一个个鲜活的案例，无不警示着我们——群众利益不可侵犯，那些一失足成千古恨、身败名裂的人是我们的前车之鉴。两袖清风，一身正气、清廉务实是我们的准则；信念坚定、为民服务、勤政务实、敢于担当是我们的标准。在今后的从警路上，我们要常怀律己之心，常思贪欲之害，常修为政之德，永葆廉洁本色，锤炼升华。

传统红色教育是思政课暑期集中实训的特色课程之一。我院五百多名师生在学院礼堂聆听了重庆市红岩历史博物馆原馆长厉华研究员的“红岩魂——信仰的力量”学术报告。我们从厉华馆长生动的报告中，了解到了为天地存正气，献身真理以利国家，纵然粉身碎骨，依然气节永存的无声战士——何功伟；孤军奋战、斗智斗勇，危险时刻沉着冷静，身处敌营无所畏惧的温柔之花——黎琳；厚德载物、自强不息、务实求理，以大局为重的千古功臣——杨虎城；弃商参军、倾财助革命的百万富翁无产者——卢绪章；身处牢房、面对敌人威逼利诱、心存绝对忠诚、用死亡捍卫生命意义的红岩革命烈士。在重温这段红色历史的时刻，更应该反思历史，以史为鉴，坚定理想信念，通过学习党的革命历史，继承光荣传统，提升自身的政治素养和思想觉悟。

最后一天，我们开展了演讲比赛和红歌比赛。虽然准备时间很短，但是大家积极参与、认真对待的态度值得肯定。真挚的演讲词、饱含激情的歌声，无不表达了我们作为预备警官对未来的热切期盼。相信我们已经准备好接受残酷历练，成为一名优秀的人民警察、人民卫士。

通过一周紧锣密鼓的学习，我认识到了马克思主义理论在中国特色社会主义发展道路上的重要性以及中国特色社会主义理论是对马克思主义的一脉相承和继承发展，更明白了作为一名预备警官应该在坚定理想信念的基础上树立正确的价值观。思政部刘文芳主任在讲座中寄语在座的我们：理想不是让你瞬间伟大，而是让你的人生充满希望和色彩；理想不一定能成就你的人生，但一定能丰富你的人生。理想信念既是奢侈品，又是必须品，我们应该脚踏实地，同时也仰望天空。在不断丰富改造思想境界的同时，也不要忘了追求自己的“诗意和远方”。

红色情怀永不断，政治思想不褪色

治安 1503 区队　刘财能

按照学院思政部的统一安排，我们参加了以“听”“看”“观”“比”“学”为主题的思政活动。为期一周的思政集中实践教育培养课程在嘹亮的红歌歌声里落下了帷幕。虽然被留校的学生起初对本次的集中教育活动有点怨言，因为天气炎热，又不能回家与半年不见的父母聚首，心里难免会有些不舒服。但转念一想，思政部的全体老师，还有为我们留校开展思政教育而劳心劳力的其他教职员工，也在这酷热难耐的暑假中与我们一同留校，我们亦心怀感动和敬意。在此期间，思政部的老师为了提升我们的政治思想和精神面貌，精心组织策划了讲座、参观、演讲、红歌等形式多样、内容丰富的思政教育活动，为我们聘请了南开大学、四川大学、红岩纪念馆的众多名人名家来学校开展讲座，让我们领略到大师的风采，接受文化艺术的熏陶；又组织我们参观了法纪教育中心和护国战争纪念馆，坚定了我们执政为民、清正廉洁的信念，感受到革命先辈们的精神魅力。虽然只有短短的五天时间，但我觉得每一天都值得去回忆、去感受其中的精髓。

第一日

思政部的老师在礼堂就我国意识形态安全问题和人生理想信念与我们进行了深入的探讨交流与学习互动。作为预备警官的我们，应当能够清楚地认识了解到我国意识形态安全领域面临的复杂和严峻形势。重视和加强我国意识形态的建设，历来是我们党和国家一贯坚持的方针。时代发展与社会进步，使我国意识形态面临新的挑战。总体而言，这些挑战主要包括：全球化的挑战、信息网络化的挑战、西方错误思潮和理论的挑战。由于我国改革开放，受到国外意识形态的冲击，在经济、政治、文化、教育等方面，西方的社会观、价值观，与我国现有的思想意识形成冲突，跟我国的传统文化形成对立。随着我国改革开放的全面深化，将来作为执法主体的我们，要永葆党性、听党指挥，始终坚持忠诚为民、秉公执法、全心全意为人民服务的理念，牢固树立自己的民族自信力，不忘初心，相信中华五千年文明史底蕴能够为我们开拓民族复兴之路提供强有力的保障，这便是我们中华民族能屹立于世界民族之林的气魄和信心。

第二日

随着全球化的发展，一个国家的经济实力已成为衡量其综合实力的重要依据。听了南开教授何自力的讲座，我对西方经济停滞常态化的趋势有了一个较全面的认识，也对我国在全球经济疲软时能够继续保持快速平稳的发展更有信心。人民的幸福感是由精神文明水平所决定的，而精神文明建设又是以物质文明为基础的；社会生产力与科技文化水平是物质文明建设的骨与肉，但决定社会生产力和科技文化水平高低的是国家的工业体系与实力。我国是世界上最大的发展中国家，外国资本家为了追求利益在我国改革开放后于中国置业设厂，获取廉价的劳动力，我国借机大力发展了加工业。到如今，我国第二产业即工业占三大产业的百分之四十几，在2008年的全球经济危机中，为我国经济抵御住危机和持续发展提供了巨大的支撑。而西方为了使经济复苏也提出了再工业化的经济战略，可见工业对于国家的稳定和发展是多么重要。在下午我们也有幸与三位“四川省首届十大最美人民警察”分享他们的从警经历和职业感悟。在他们身上我们看到吃苦耐劳、乐于奉献、勇于钻研、敢于担当、清正廉洁、忠诚为民的精神品质，这些品质在他们的成功中发挥了重要作用，这是我们值得学习和努力的方面。

第三日

我们统一参观了法纪教育中心和护国战争纪念馆，把战争年代革命先辈与和平年代的贪官腐吏两相对比，真可谓时势造英雄，大浪淘沙。如今越发繁荣富强的中国是革命先辈们用鲜血换来的，是他们用生命换来了中国人民的独立自主，是他们用一生的辛劳，不知背负了多少苦难和屈辱才换来了我们如今幸福安康的生活。现在的我们比历史上任何时候都更接近中华民族的伟大复兴，我们也比历史上任何时候都更接近建成全面小康社会。但越来越繁荣的社会并没有激励一部分官员有与之共荣的社会责任感和集体荣誉感，反而腐化堕落、贪图享受、蝇营狗苟，没有正确认识到什么才是正确的人生观世界观价值观。我们应该以此警示世人和反思自己。

第四日

警院作为政治性院校，学习马克思主义理论是必不可少的。从川大蒋永穆教授的讲解和红岩烈士纪念馆厉华馆长讲述的老一辈无产阶级革命家的事迹中，我获得启发，明白警校生该如何培养大局意识、责任意识、服务意识、团队意识以及协调沟通能力，提高自己思想政治觉悟，端正学习态度。专家学者用生动的语言为我们讲述了马克思主义与中国实际结合的中国化过程。他们从马克思与马克思主义的关系、马克思主义中国化的历史进程及成果等方面介绍了马克思主义思想的重要历史意义，还对中国共产党几代领导人创立的理论与马克思主义的关系进行了深入阐述，最后横向比较了马克思主义中国化给我们带来的制度优势，并展望了未来发展趋势，向我们提出了殷切期望。

第五日

有付出，才会有收获。这是古训。

在激情澎湃的演讲和昂扬向上的红歌中，我们沉淀下这几日的收获。在演讲中，选手们声情并茂地讲述将我们的激昂青春、奋斗青春、魅力青春展现得淋漓尽致。在每三个演讲的间隙都有精彩的节目表演，充分调动了同学们的参与积极性。而在下午的红歌比赛中，大家都精神饱满、斗志昂扬，精心编排的合唱使为期一周的思政集中实践教育活动达到了高潮，充分体现了大家的合作精神，也见证了我们大学四年中一段难以忘怀的美好时光！

大思政，警校生的必修课

治安 1503 区队　杨云川

为期一个星期的思想政治理论课集中实践已经结束。通过这个星期的学习，我深刻认识到作为一名大学生，特别是一名警校生，思想政治教育是必不可少的，因为它能够提高我们的思想政治素质，是当代大学生必备的素养。思想政治教育对当代青年来说，是一门非常重要的课程，对政治性院校的警校生来说尤为重要，当然这也与我们日常开展的政治理论学习相照应。通过本次大思政教育，我切实感受到自己的综合素质得到了很大提升，也意识到本次留校学习是学校大思政改革迈出的重要一步。这一个星期的思政教育，主要是理想信念教育、红色传统教育、爱国爱党教育、青春励志教育、忠诚警魂教育这五个方面。作为一名大学生、警校生，这五个方面的素养是必不可少的。

一、理想信念教育

大思政育人理念也应与时俱进。思政集中教育第一堂课，周长明教授为我们奉献了一场如何树立正确的人生观、价值观、世界观的讲座，教育我们要修身律己，实现党性和人性的统一。我深深感到加强自身学习、提高自身素质的紧迫性。一是向书本学习，坚持每天挤出一定的时间不断充实自己，端正态度，改进方法，广泛汲取各种“营养”；二是向周围的同学学习，社团工作中我始终保持谦虚谨慎、虚心求教的态度，学习其他成员任劳任怨、求真务实的工作作风和处理问题的方法；三是向实践学习，把所学的知识运用于实际生活中，在实践中检验所学知识，查找不足，提高自己，防止和克服浅尝辄止、一知半解的倾向。要做好一件事情，我认为最重要的是要有责任心，有了一份责任在身上，就会努力去完成它，并完成好。通过本次思想政治集中教育，我深切感受到这就是一种无形的责任，鞭策着我，朝着这个方向努力，不断改进，不断提升。

刘文芳教授所做的讲座“生活不止眼前的苟且，还有诗和远方”对我思考今后的大学生活有很深的启迪。确实对步入大学不久的我们来说，迷茫和失望都有。这一场讲解为我们的思政集中学习拉开了帷幕，也让我们理解到大学生活不应该只满足于眼前的苟且，不应该只满足于现状，更应该放眼未来。警察学院作为培养公安机关后备人才的政治性院校，培养有政治意识、作风优良的忠诚卫士是第一要务。通过学习，我以自己是一名警校生而感到自豪，同时我也意识到树立坚定的从警信念是我必须做到的事情。未来我们是人民卫士，是公平正义的象征，必须着眼于国家安全、社会稳定，只有在大学学习阶段掌握更多本领，才能在日后的工作中为公安事业做出更大的贡献。仰望星空，脚踏实地，这就是我通过学习所理解的诗和远方。

理想信念为人生指引方向。通过理想信念专题教育，我们初步了解了世界社会主义 500 年、马克思主义的理论魅力与生命力、国家意识形态面临的严峻形势。这一切在课本上我们没有机会接触，在这次思政集中学习中却让我们受益匪浅。

二、红色传统教育

红歌欣赏与训练激发了我们血液中的那抹鲜红，弘扬了革命传统，同时也加强了区队凝聚力，让同学们之间的感情更为深厚。我们还有幸聆听了重庆红岩博物馆原馆长厉华的精彩报告，他为我们讲解红岩精神长达几个小时。红岩精神包含不畏艰险的革命精神，同舟共济的团结精神，勇于牺牲的奉献精神，坚定的共产主义理想、信念和执着的追求，高尚的共产主义品德情操，艰苦奋斗吃苦耐劳的革命乐观主义的精神，出污泥而不染的崇高的人格。简单地来说，可以概括为八个字：爱党、团结、奋斗、奉献。它集中展现了革命先烈的精神风貌。在风雨飘摇的岁月里，一大批共产党员和革命志士，为了实现人民解放，在极其险恶的斗争环境中、在特殊的战场上，不顾个人安危，不怕流血牺牲，出生入死。红岩精神的实质，是革命先烈们崇高理想、坚定信念、高尚情操和优秀品格的集中反映，是在特定的斗争环境中表现出来的共产主义精神。红岩精神在今天仍然是鼓舞全国人民为建设有中国特色社会主义宏伟事业而奋斗的巨大精神力量。这一场传扬红色经典的报告也刚好与纪念建党 95 周年和红军长征胜利 80 周年这一红色主题相呼应，我从中收获了许多。

三、廉政警示教育

参观市法纪教育中心，看到不少曾经有才华、有能力的官员，因为贪欲丧失信仰而堕落的案例。这些怵目惊心的案例对我们也起到了很好的警示作用，让我们意识到，不管是谁，职务多高，法律底线都不可触碰。这次参观学习帮助我坚定了清廉为警的信念，让我始终警醒、终身难忘。

四、青春励志教育

“奋斗青春——让梦想起航”励志演讲给我们提供了一个展示自我的舞台，激发了我们的拼搏精神和昂扬斗志。我通过聆听不同选手的演讲也切实反思自己的大学生活，认真思考自己的人生目标。

来到警院前，我就树立了此生从警的远大目标。通过本次学习，我也更加坚定了自己的理想目标。藏蓝青春，警色年华，我在路上。

五、忠诚警魂教育

人民警察是一项神圣的工作，同时也是一项危险的工作。选择了人民警察，就相当于把家庭和家人放在了身后。如何在繁杂危险的工作中实现爱情和工作的双赢，这正是泸州民警廖警官和柯记者夫妇教给我们的人生智慧。不断在工作和生活中完善自我，发掘兴趣，牢记国家使命和人民安危的同时，保持自己对家庭的责任心和爱，投入生活，不忘感恩和注重细节，细心沉着，稳重担当，方能实现双赢。从一名普通民警到神枪手，无数次生与死的较量，无数次与死神的擦肩而过，成就了邹晶神枪手的美誉。坚定理想信念，不忘初心，保持对所选择职业十余年如一日的挚爱，成就了他的职业荣光和警察生涯。

通过这次集中实践活动，我在精神上受到了一次洗礼。不管是听讲座，还是参观法纪教育中心，都让自己的人生目标更加清晰，让自己的信念更加坚定。通过参观市法纪教育中心，我领悟到的坚守法律底线对我一生受用；通过参观泸州老窖，我感悟到传统工艺与现代技术结合能孕育出更浓郁的酒香。

本次为期一周的思政集中学习，因为有饱满热情的投入，所以才收获颇多。以上就是我作为一名警校生参加思政集中实践的学习感悟。

传　承

治安 1503 区队　袁　波

在各种各样的活动中，时光总是飞逝，为期五天的思政集中学习很快就过去了。尽管气温达到了四十度，酷暑仍浇不灭同学们的热情。不管是在学校礼堂听报告，还是外出参观法纪教育中心或者护国战争纪念馆，我们都怀着崇敬的心情。

短短的五天里，有雨淋、有日晒，也有流汗，但我们每个人都在坚持着。前辈们、老师们对我们倾囊相授，在有限的时间里向我们传承着沉淀了一代又一代的精神，助我们铸就忠诚警魂。

一、合作

第一天，简单的开训仪式拉开了这次思政集中实践学习活动的序幕。尽管简单，但我们每一个人都是无比认真地对待。下午我们开始准备红歌比赛。这一过程体验也教会了我们一个集体需要共同进步。我们只要齐心，便有战无不胜的力量。学会合作，这也是我们这些身在警校的预备警官们的必修课。不管将来我们走上何种工作岗位，合作精神必定让我们做得更好。而若是作为一名警察，合作更不可缺少，只有精诚合作才能更好地打击犯罪，履行我们肩负的使命。

二、忠诚

第二天，我们聆听了荣获“四川省首届十大最美人民警察”称号的三位民警讲述他们在警察这条路上经历的点点滴滴。虽说都很平凡，但他们的不平凡便是在平凡之中彰显出了光彩，如修竹静立，挺拔傲霜，丝毫没有因为平凡而甘于平凡，他们用实际行动为我们诠释了我们头顶这枚警徽的内在含义。还有下午重庆歌乐山烈士陵园纪念馆原馆长厉华先生所讲述的那些革命志士用自己年轻的生命演绎的一段段绝美佳话，为我们展示了革命者眼里的忠诚。

是的，作为一名警校生、一名预备警官、将来的执法者，我们更需要理解何为忠，何为诚。只有深刻地理解了忠和诚的含义，才能尽到自己的职责，更好地忠诚于人民，更好地忠诚于党和国家，更好地忠诚于法。我们也唯有学会忠诚，方能对得起我们头顶那枚熠熠生辉的警徽，那是我们的骄傲，是我们的自豪。忠诚作为一个名词在我们的生命中出现的次数已经太多太多，很多时候我们只是对其一笑而过，从未深入地了解其中真正的含义。只是觉得我们将来就是一个普通的上班族，既不需要我们抗日救国，也不需要我们革命流血，我们所能做的不过就是每天按时上下班，空闲的时候和家人一起享受生活的美好，仅此而已。但到了警校，作为预备警官，我们的身份变了，变得更加特殊了，将来我们代表的是法律，是国家的根本，我们便与那些只为自己生计而奔波的上班族不同了。我们手中有了执行法的权力，如若不懂何为忠诚，如何忠诚，那么我们是极其危险的。且不说那时的我们是否能履行自己的职责，在这遍地繁华的多彩世界里也将极易迷失自我。

我们的师兄师姐们在工作中一丝不苟，在执法中公正严明，在自我严格约束中为我们做了良好表率。是他们，为我们探索了前行的路；是他们，为我们在即将走过的路上找寻了该有的方向；是他们，为我们未来所要做的做出了引领示范，他们会一直勉励着我们。有了这些榜样，我们在将来的执法生涯中也应当和他们一样优秀，将他们的精神在岁月的长河里不断传承下去。

三、廉洁

参观了泸州市法纪教育中心后，自己的感触颇多。是的，现在我们所处的是一个五彩缤纷的社会。在这个世界里，诱惑太多太多，香车、美女、豪宅等。这些虽然不是每个人都抗拒不了的，但是抗拒不了的人也不在少数，不论是身处高位的官员，还是手握重金的巨富，总有那么些人不顾铁窗之寒，不思牢狱之苦，沉迷于那些无比诱人却实质虚幻的事物，最后无一不是东窗事发，独自面对寒窗吐露自己的后悔之言。

作为警校生，我们中的大多数将来是要成为一名为人民服务的人民警察。人民警察作为法的执行者，所遇到的诱惑可想而知，定会比一般的人多得多，这便需要我们有更强的定力，要学会拒绝。我们要明白一切诱惑不过过眼云烟，转瞬即逝，唯有我们头顶之警徽、身上之警服方为永恒。作为人民警察，我们需时刻警醒自己，当遇到诱惑时，头顶之徽、身穿之服便是我们的戒尺。唯有抵制外界无边的诱惑，我们才能真正做到为人民服务。

四、勇气

我们参观了护国战争纪念馆。那片红土地、那片革命志士抛头颅洒热血的热土，带给我的是无尽的震撼。简陋的武器装备、简单的防御工事，护国军的将士们在如此艰苦的条件下却胜了当时人数、装备都远远超过自己的敌人，靠的是什么？我觉得他们靠的是无尽的勇气，靠的是向往解放、反抗压迫的坚定信心。他们甘愿为了革命奉献自己所有的一切，甚至包括生命，这是何等勇气！我们作为后来人，享受的是先辈们用热血与生命换来的和平生活。虽说现在是和平年代，我们所处的社会是一个和谐的社会，但在这种和谐下面却掩盖着诸多不和谐的因素。先辈为我们创造了和谐的社会，那么就该由我们来维护这份和谐，不惜代价。我们作为警校生，身份就是预备警察，将来的这份责任更多的是落在我们肩上。那么现在我们必须坚定自己的信仰，培养一种无畏的精神和不怕牺牲的勇气。在享受着这份安定的同时要坚决捍卫先辈们创造的革命成果。

五、团结

最后一天的红歌比赛，目的是品味经典、回顾过去、铭记历史，这些与我们息息相关。合唱，这本就是一个团队力量的体现。我想在这短暂而又紧张的假期思政集中学习中特地安排了一个下午让全体同学参加红歌比赛，不仅是让我们简单地回顾历史，更重要的是让我们学会精诚团结。警校生，将来承担的工作往往不是一个人可以完成的，我们必须学会团结战友同事，才能将工作做到尽善尽美，唯有众人齐心，方能攻无不克。

总之，几天思政集中实践学习让我获益匪浅，我在接受着先辈们的思想与精神传承时，也时刻警醒着自己，只有做好当下的自己，方能更好地履行自己的职责，成就不一样的明天。

点亮思政之光，照亮未来之路

治安 1503 区队　曹　莉

2016 年 7 月 8 日，是我们在警院学习一学年宣告结束的日子，这一年，从警务化管理到思想政治教育，我都受益颇多，“忠诚为民、勤学成才”的校训也成为了我生命的印章。在这里，我明白了一名警校生应有的自律，应有的责任，应有的担当。期末考试结束后，学院思政部统一安排部署，开展了为期一周的人民警察理想信念与职业精神集中实践教学活动，而我们四大队有幸能留校，进行思想政治集中实践学习。在思政部的统一组织和老师们的精心策划下，暑期实践教学活动正式拉开了帷幕。众多知名专家、教授、公安英模受邀莅临我校，与我们共赴这场思政教学的盛宴！他们言传身教，用生动形象的讲座为我们讲授知识！短短几天，我感受到了心灵的净化，思想的重生。

扬红色，继传统

满怀期待的第一天上午，我们四大队的同学严阵以待，有序进入礼堂，进行开训仪式。在开训仪式上，周长明副院长、刘文芳主任分别做了重要讲话，其中周长明副院长提出按照学院政治建校要求，指出了思政教学改革的新探索是怎样致力于学生政治思想文化素养的提高，并且重点强调了深化“两学一做”学习教育。周院长还对我国意识形态安全领域面临的严峻形势做了专题讲座，强调了作为一名警校生应有的思想意识和责任使命。随后，刘文芳教授带领我们一起畅游书海。她说，我们青年学子应该学会“读书”“读好书”。同时，她也强调了读书的重要性：“读书是为了遇见更好的自己”“读书可以培养大胸怀、大情怀、大气魄”。两位教授的贴近我们的讲解，是思想和心灵的一次碰撞，我的思想也随之得到了净化和升华。“万里寄哀思，历史系我情。”下午，我们各区队进行红歌欣赏，认真听着红歌，历史的画面不断在我脑海中浮现，体会着革命先烈们的昂扬斗志，我不禁感触良多。

学英模，铸警魂

“国家安危，公安系于一半。”学习公安英模，铸牢忠诚警魂。思政集中学习第二天，学院邀请了三位公安英模：陈国淑、李永权、母俊峰为我们做专题报告。他们很平和地向我们讲述着他们不平凡的事迹。坚强勇敢，惩恶扬善，致力于群众工作的陈国淑；忠诚为民，务实清廉，信念坚定，讲究证据意识的李永权；精益求精，勤勉敬业，坚守信仰，严把入口关，严查交通案件，用实际行动守护一方平安，用平凡演绎青春无悔的母俊峰。这三位公安英模用生动的语言，讲述着他们最平凡工作中体现出的最伟大的业绩！他们的事迹、他们的行为，无一不影响着我的一生，无一不触动着我的灵魂。下午，重庆烈士陵园纪念馆原馆长厉华为我们做了红色传统教育的讲座，他讲座的主题是：红岩魂——信仰的力量。他讲到我们作为警校生，应当忠于自己的政治信仰，坚定信仰，修身律己，心存敬畏，严守纪律。警察——一个平凡而又神圣的职业，一项始终致力于忠诚为民、守护百姓安康的伟大事业。即使讲座已经过去许久，公安英模们和厉华馆长的话语却深深烙印在我的脑海里。这更加坚定了我的信仰和从警理想，为实现中华民族的伟大复兴而奋斗不息！

讲廉政，忆英雄

“居官之所恃者在廉，其所以能廉者在俭。”为官者，定当廉洁奉公，在其位，谋其政。习总书记强调：要将权力关进制度的笼子里。为了更好地理解这一含义，我们不惧酷暑，去了泸州市法纪教育中心。在这里，一个个反腐肃贪的案例被清晰呈现，一个个贪官污吏的罪行被记录在案，看着他们在狱中的忏悔……每一幕都触目惊心，令我深受震撼，这些人给我们留下了深刻的反面教材，引人深思。“忆往昔峥嵘之岁月，吟缅怀先烈之壮歌。”护国战争纪念馆，是对历史的记载，是对英雄的缅怀。那里详细记载了护国战争的时间、地点、战争过程以及出类拔萃的革命人物。抛头颅、洒热血的革命先辈啊！是你们用鲜血推动了革命进程！当解说员讲述这段历史时，我作为一名土生土长的护国人，不禁感到无比的骄傲和自豪。“有些人活着，但他们却死了，有些人死了，但他们却活着”，革命先辈们坚韧的意志和不屈的灵魂让我永生难忘，他们的精神将生生不息，永垂不朽！我们将矢志不渝地沿着先辈的足迹，继续他们的事业，坚定信念，勇往直前！

听讲座，思形势

思政集中学习后半程，思政部邀请来了南开大学的何自力教授和四川大学的蒋永穆教授为我们讲授世界经济形势。何自力教授讲授的主题是“西方资本主义经济停滞常态化与中国道路的世界意义”。围绕这个主题，何教授主要讲了资本主义的萌芽发展、工业资本主义生产方式的确立，讲了丹尼尔、马克思等三人的经济理论，以及世界上几种类型的资本主义；而蒋永穆教授主要阐述了马克思的《资本论》，从马克思和恩格斯的生平以及马克思对《资本论》做出的卓越贡献展开。两位教授让我们加深了对世界经济发展和现状的认识。经济基础决定上层建筑，当代世界经济的发展趋势，更加坚定了我们走中国特色社会主义道路的信心。作为中国特色社会主义事业的建设者和接班人，我们更应牢记使命、坚定信仰、砥砺前行。

比演讲，赛红歌

思政学习即将圆满落幕，我们分别进行了以“奋斗青春——让梦想起航”为主题的演讲比赛和“纪念建党95周年暨红军长征胜利80周年”的红歌比赛。“恰同学少年，风华正茂，书生意气，挥斥方遒”，每位参赛选手都倾尽全力，用多样的形式、激情的演讲，诠释着我们青年一代的热血青春，豪情壮志。历史的长河生生不息，长征精神永垂不朽。牢记历史，缅怀先烈，我们每一位时代青年义不容辞。为致敬革命先烈，传承不朽精神，我们大胆创新，采用多样化的演出形式吸引眼球。四大队的同学们以最动情的演讲、最精彩的演出，为本次思政集中教育学习画上了圆满的句号！

“点亮思政之光，照亮未来之路。”很荣幸能首次体验思政集中教育学习。短短几天，我学会了多思、多学、多读；学到了革命英雄对党和国家的忠诚；学到了坚定爱国爱党的信念，无所畏惧、勇往直前；学到了作为一名预备警官应有的责任与担当。这次学习，让我净化了灵魂、拥抱了青春梦想。从现在起，我将身体力行，将之内化于心，外化于行，不忘初心，不辱使命，继续前进！

忠诚信仰在，我的警察梦就在

治安 1504 区队　黄　刚

思想是人类的灵魂，指引着人们向着正确的道路前行。它有助于人们树立正确的价值观，培养良好的思想素质，提升人们的综合素质。为此，四川警察学院思政部在暑期开展了为期一周的人民警察理想信念与职业精神集中实践教学活动，目的是深入推进“两学一做”学习教育，坚定大学生的马克思主义理想信念。这顿精神大餐让我们感到很享受，既洗涤了自己的心灵，又升华了自己的灵魂。坚守心中的梦想，不止警察梦的脚步；坚持心中的愿望，不屈于警察路上的险阻；坚定心中的信仰，不忘警察学院的校训“忠诚为民，勤学成才”。

暑期的思政集中实践教育学习使我们受益匪浅，让同学们切身体会到作为一名人民警察应有的责任与担当。在学习中明白了要不断提高自身的身体素质和法律意识，懂得了肩上所承载的责任，将一心一意为人民服务作为今后工作的宗旨。通过周长明老师多角度、全方位的分析，我们比较全面了解了目前我国的意识形态安全面临的问题，他详细的阐述、精心的讲解，留给我们的是一份深刻的认识。当然我们的生活也一样多姿多彩，还有生活的美好等着我们去发现。“生活不只眼前的苟且，还有诗和远方”主题讲演提醒着我们要以愉悦的心情去对待每一天。生活不应满足于眼前的享受，而应当放眼未来，确立长远目标以便自己整装待发。但当前社会不论个人还是媒体，甚至是社会，都或多或少的存在着对警察的不理解和抨击。因此，警察职业常伴随着负面影响处于舆论的风口浪尖。而作为预备警官的我们就需要有一个良好的心态，坚持心中的信仰，以警察职业为荣，给自己树立一个正确的价值观，在今后从警路上有“诗和远方”相伴。远方的田野因为有警察梦而变得肥沃，让警察的光荣之花在这片田野上盛开得更加灿烂。

我们对于今后的从警之路，更多的是坚持警察职业的忠诚。牵动我们梦想的是警营中的战友情，是百姓与我们的亲情，我想我们以后的执勤更多的会是执“情”。应邀来到我院的三位“四川省首届十大最美人民警察”称号的获得者，他们对警营生活这样说道：“情系警营，唯爱前行。”简简单单的八个字，既诠释了他们在从警生涯里的最深感悟，也带动了我们这些怀揣着警察梦的警院学子对从警生活的憧憬。在他们一个又一个办案故事里，有的是细小却赢得百姓口碑的亲民经历；有的是惊心动魄险些献出自己宝贵生命的历险；有的是为民务实而感到温暖的情节。三位警官中唯一一位女性陈国淑警官给我们分享了她的亲民故事，让我们因自己是一名预备警官而感到光荣和自豪；母俊峰警官分享的执勤经历，让我们知道在实际工作中的务实与责任；李永权警官分享的丰富实战经验和实战战术，让我们了解实际工作中应当具有的技能和知识。不论哪一位警官，他们的分享总结起来就是“忠诚、为民、务实、清廉”。说到清廉，作为人民警察一定要有良好的思想素质，不断加强自身的思想作风建设。

在暑期思政集中教学实践课中，我们在老师的带领下来到泸州市法纪教育中心，在这里我们参观了一些不严于律己、不注重自我思想作风的“落马”官员的案例。在法制教育中心里所展示的他们曾经是多么令人向往和信任，人民和社会的重托都放在他们的身上。可是，他们平日里无视自己的腐败行为，不把党章放在心上，忘却了自己是人民的公仆，不为民办事反倒利用手中的权力为自己谋取利益。通过他们最终的悲惨结局，我们知道了要时刻警示自己，在学习中不断加强自我思想建设，提高纪律意识，真正做到为人民服务，为人民谋取福利。因为一个以工农联盟为基础的国家，人民才是强大的基础。从抗日战争到解放战争，多少革命烈士为建立新中国献出自己的生命，他们抛头颅、洒热血才换来新中国的诞生，一代又一代有思想有作风的领导人带领着人民共同创造了这日益强盛的中国。在护国中心我们一行人参观陶家大院里陈列的革命先辈们的物件，曾经他们在这里指挥战斗，在这里建立起革命根据地，这座记载了他们先进事迹的大院，带给我们的是对先烈的缅怀和崇高的敬意。学习他们有思想、敢担当、有作为的精神，将这些精神融入到我们的成长中，这对以后我们的从警之路大有益处。警察之梦在不远的彼岸，只要我们端正自己的态度，有不抛弃、不放弃的精神和良好的思想品质，我相信不久的将来我们会为公安事业注入一股新鲜的血液！

马克思在《资本论》中说道："在科学上没有平坦的大道，只有不畏劳苦沿着陡峭山路攀登的人，才有希望达到光辉的顶点。"是啊，像四川大学马克思主义学院院长蒋永穆与我们交流的"《资本论》及其现代价值"一样，都说马克思的《资本论》难学难懂，但不还是有人一样能成为教授吗？在科学的道路上不会平坦，只要自己有足够的耐心和信心，便可以开创一条直达光辉顶点的阳光大道。一个人在前行的路上跌倒并不可怕，怕的是他从此没有站起来的勇气。我们应学习厉华老师给我们传授的"红岩精神"，有信仰的力量，让它支撑着你，忠诚于你的每一个选择。有信仰的人，是时时能严于律己、将自己的气节建立在理性的光辉上的人，是一个爱国忠党、决心跟党走听从党的指挥的人。唱支山歌给党听，让党听听我们警院学子的心声，向党表达我们作为预备警官的坚定思想。

在为期五天的思政课结束之际，在校学习的各个区队都准备了两首红歌歌唱我们的党和祖国，在舞台上充分展现各自的风采。区队之间歌声一个比一个嘹亮，热情激起的浪潮一个接一个。暑期的思政课带给我们最深的思想感触，在理论学习中，我们享受了一顿精神的大餐，加强了自我的思想道德建设，对马克思主义理想信念多了一份坚定；在实践教学中，我们以亲身的参观，深刻地感悟到了书本上学不到的精神。这对于我们的综合素质的提高大有助益，对于我们的政治素养提升更是益处多多。在警校以后的学习中，我要以培养纪律意识和服务意识为基础，锻炼过硬的本领，铸牢忠诚的品格，勤学多思。

有一个忠诚信仰，便要坚定自己心中的警察梦，忠诚于自己的政治选择。警察的忠诚信仰正是因为有了思政教育的熏陶，才不会迷失方向，我们要永远保持一颗纯洁的心。我们在思政教育课中不断磨练自己的思想意志，积极主动加强自我思想道德建设，沿着既定的正确方向不断前行，最终到达那一片早已选择好并且属于自己的理想之地。

警校生的思政活动

治安1504区队 邹 诚

回家已经一周了，可是我都还记得放假前为期一周的人民警察理想信念与职业精神集中实践教学活动。

一、开训首讲奠定思想基础

开训的第一天，我记得是周长明教授为全体同学做了题为“当前我国意识形态安全问题”的专题讲座。周教授首先详细阐述了当前我国意识形态领域面临的机遇和优势：一是中国经济的崛起使中国对自己的主流意识形态信心增强；二是在世界范围内的意识形态斗争中存在大量可供我们利用的矛盾和可以借助的力量。紧接着他对当前我国意识形态安全领域面临的严峻形势和挑战做了分析：一是来自外部世界的压力，西方敌对势力的文化渗透严重威胁我国意识形态安全，影响着我们的价值观；二是经济全球化给我国意识形态安全带来的挑战；三是西方议会民主制度在全球的拓展给我国意识形态安全带来的挑战。周教授就国内高校意识形态建设存在突出问题提出了四点解决方案：一是高校应高度重视意识形态工作，牢牢把握高校意识形态的主动权；二是加强高校的教师队伍建设，建设一支政治坚定、师德高尚、专业过硬的师资队伍；三是学习借鉴西方国家抓意识形态教育的经验，持之以恒地加强我国高校意识形态工作，切实改进思政课程教育教学方法；四是吸取传统文化精髓，立足我国发展的社会现实，注重培养时代精神和方向性引导，加强在隐性教学活动中对学生进行核心价值观教育。

二、外邀专家深化爱国思想

第二天的思政集中实践活动让我感受到的是作为中国人的骄傲。在礼堂开展暑期思政教育活动之“红岩魂——信仰的力量”讲座中，重庆市红岩历史博物馆原馆长、研究员，央视百家讲坛《信仰的力量》主讲人厉华先生专程前来做专题报告。他从忠诚于自己的政治选择、天下兴亡夫有责、泪与血的嘱托、不可忘记的总结四个方面动情讲述了关于重庆歌乐山烈士的革命事迹，激起了同学们的满腔爱国热情，给同学们带来了思想灵魂洗礼。四川警察学院被称为“英雄的熔炉”，因此厉华馆长坚持认为警校生更应该忠诚于自己的政治选择——忠诚于中国共产党。他向大家展示了多组图片（包括著名的白公馆和渣滓洞等），提出“修身律己、将党性与人性升华统一”的观点。他认为：党在红岩村招待所里面进行的党员培训是真正的有效，通过许多方法（如批评与自我批评、反复写思想汇报、领导小组多次与发展党员会谈等）使一个人的思想不断向党靠拢，形成正确价值取向。厉华馆长还举出何功伟英烈的事迹，谈到何功伟在书信中写下的“为天地存正气，为个人全人格。成仁取义，此正其时”中表露的正是党性与人性的统一，正是忠诚于中国共产党的信仰力。随后，他还分别举以黎琳先烈和刘国志先烈的事迹，向同学们传达“心存敬畏、执行纪律”和“严于律己、绝不玷污党的荣誉”思想，诠释了警校生应该从哪些方面来忠诚于自己的政治选择。厉华馆长还以自己长期研究所搜集了解到的资料，真实地向在场的师生还原了当时先烈们所处的环境与他们所进行的艰苦卓绝的斗争，深深震撼了同学们，台下的师生都沉浸在厉华馆长的深情讲述中。

厉华馆长从多个角度诠释“天下兴亡、匹夫有责”“血与泪的嘱托”“不可忘记的总结”三个方面的信仰力量，例举了多个革命先烈的事迹，生动形象地诠释了中国共产党信仰力量的宏大。报告会全场纪律俨然有序、氛围庄严肃穆，真正的让师生们如同身临其境。讲座进行到最后时，厉华馆长引用习近平总书记的讲话“学史爱党，知史爱国”来激励同学们，希望同学们在学习历史中不断学习革命先烈精神，在生活历练中不断坚定理想信念！

通过厉华馆长的讲座，我感受到中国共产党人坚定的信念与永不懈怠的精神力量，我认识到“思想觉悟决定人生高度”的人生哲理。

三、结合实践升华纯洁思想

第三天的思政实践活动让人感到严肃。此次思政课暑期集中实践教学活动四大板块之一的“廉政警示”教育活动在泸州市法纪教育中心开展。

全体思政课教师和学生在现场解说员的带领下参观了泸州市法纪教育中心。展览以“鸣警钟、扬正气”为主题，以案例警示教育为基础，以传承优秀的廉政文化为方向，以展示泸州反腐倡廉创新实践为特点，为同学们带来了一场全新的法纪教育课。

来到这里首先看到的是“照镜子、正衣冠、洗洗澡、治治病”十二个大字。在参观“警示篇”时，解说员举出了薄熙来、文强以及近年泸州市数个重大、真实、鲜活的反面典型案例，深刻剖析了他们从领导干部到服刑人员的堕落过程，告诫同学们切勿“奢靡享乐，腐化堕落”，贪腐的结果只有害家毁身，祸国殃民，最后只能在铁窗下感叹唏嘘。而“教育篇”着重向同学们展示了古今中外的反腐历史，教育同学们只有随时以党的纪律和要求约束自己，自警、自省、自律才能公正为民、廉洁修身。在“践行篇”参观时，解说员讲到，只有清正廉洁才能成为后世的楷模，“践行墙”上对宋代包拯、近代朱德等清官的评价为“救民水火，除暴安良”，如今做一个党的好干部的五条标准是：信念坚定，为民服务，勤政务实，敢于担当，清正廉洁。

廉政警示教育，使我的灵魂得以净化，让我感受到我国反腐倡廉的明显成效，帮助我进一步纯洁入党动机，坚定自己的入党初心：为人民服务。

随后的思政活动中我被革命先辈们的精神深深震撼了。我们参观了位于纳溪区的护国战争纪念馆。护国战争纪念馆内详尽地展示了护国战争的背景以及泸州纳溪战场的情况。馆内综合展厅内展出了护国首义和棉花坡胜利的相关资料图片、护国战争胜利后的庆祝大会上由蔡锷将军题写的“护国岩”、棉花坡战役的进军路线图及战场形势等。馆内分为多个展厅，通过蔡锷将军、唐继尧将军以及朱德将军等主体展厅全方位展示出护国战争的历史，体现革命先烈对自由民主的追求。

我记得还在馆内影视展厅观看了《建党伟业》中棉花坡战役的视频，我看到的是朱德和唐继尧在棉花坡战役中体现出来的将领气息。他们是真正的英雄人物，极具英雄风范。

思政活动的入心，让我在一周的学习时间里深刻感受到作为警校生应当具有的素养：要有担当力，要有使命感，要有信仰力。简单点说，我们从警以后应该坚持为了公安事业奋斗终生，更纯粹一点说，就是为了革命事业奋斗终生！

笃行川警志　共铸中华魂

治安 1505 区队　陈静怡

来到四川警察学院也算是度过了一个轮回的四季，无论是在这一年的光景之中，还是在为期一周的人民警察理想信念与职业精神集中实践教学活动的朝朝暮暮，党性教育与红色传统教育一直充溢在我周围。不经意间发觉，在这浩浩汤汤的山南水北之间竟涌现过那么多饱含理想与信念的英雄人物。“以铜为鉴，可以正衣冠；以人为鉴，可以明得失；以史为鉴，可以知兴替。”为期一周的思政暑期集中实践教学活动以灵活多样、不拘一格的教育模式为青春年少的我们注入了更多的热血与朝气。

一、坚定理想信念 追寻诗和远方

出彩的人生，少不了坚定的理想信念。无论是思政部副主任刘文芳教授为我们做的满怀激情的教育讲座，还是重庆市红岩历史博物馆馆长厉华教授为我们讲述的虽已时过境迁却依然让人唏嘘不已的“红岩魂”，抑或是实地参观纳溪护国战争纪念馆，身临其境地感受在棉花坡战役中，像蔡锷、朱德那样的革命英雄的宏伟气魄，都使我们感受到一股强烈的信仰力量。

理想信念是我们在面对眼前的苟且时能够显示出不屑与奋进；是我们在面对“大小家”的抉择时能够不犹豫、不徘徊；是我们在面对冰冷的死亡时能够保持微笑与坦然。中国共产党之所以能够成为一个始终经得住考验的政党，是因为有那么一群执着于理想信念的共产党人积沙成塔、汇流成河。九十年风雨，九十载春秋，有数不胜数的如同何功伟一样的忠于自己政治选择的浩气男儿，经受了狱中的严刑拷打，挫败了敌人“劝降”的伎俩和“感化”的阴谋，严辞拒绝了敌人的高官厚禄；也少不了像杨虎城将军一样，生也千古，死也千古的仁人义士；同样，还有数以万计的为中国人民解放事业和社会主义事业奋斗终身的如同卢绪章一般的革命烈士。

一个政党、一个国家、一个民族需要一种理想信念，一位中国公民、一位青年更需要坚定的理想信念。“天下兴亡，匹夫有责。”青春是用来追逐梦想的，而非停滞于眼前的苟且。“当你不去拼一份奖学金，不去过没试过的生活，整天挂着QQ，刷着微博，逛着淘宝，玩着网游，干着我80岁都能做的事，你要青春干嘛？”刘文芳教授的这番话，不经使我们陷入了沉思，正值青春年少的我们，到底是选择浑浑噩噩地苟且度日，还是选择去拼搏、去追寻远方未知的美好？我想，我会毫不犹豫地选择后者。“千里之行，始于足下；百尺之台，起于垒土。”我们应该树立起坚定的理想信念，确定好人生努力的方向，脚踏实地，勇往直前。

二、中国发展 匹夫有责

学院思政部主任周长明教授以“牢牢把握意识形态的主导权”为主题的讲座、南开大学经济学院何自力教授为我们讲述的“西方资本主义经济停滞常态化与中国道路的世界意义”，还有四川大学马克思主义学院院长蒋永穆教授以风趣幽默的口吻为我们介绍的“《资本论》及其现代价值”，让我们全方位地了解到当今世界复杂多变的局势及其对中国的机遇与挑战。在高中的政治课本中，曾多多少少涉及马克思主义理论，但那只是表层，并没有深入地去阐述，我们对此也只是雾里看花，而通过几位老师深入浅出、生动风趣的讲解，我们对马克思主义有了更深一层的体会。

马克思主义理论是中国特色社会主义道路的灵魂。中国发展之路之所以不断焕发着生机与活力，正是因为我们对马克思主义的不断贯彻与发展。马克思主义中国化的理论成果指引着党和人民的伟大事业不断胜利，为凝聚全党和全国各族人民提供了强大的精神支柱。作为中国化的马克思主义，毛泽东思想、邓小平理论和“三个代表”重要思想，内容丰富、深刻，其根本立场就是引导中国人民清除一切压迫和剥削，争取民族独立和解放，实现人民当家作主的权利，继而摆脱贫困和落后面貌，提高人民生活水平，实现富民强国和中华民族的宏伟目标。如今，中国经济崛起、话语权增强，中国梦在一步步地实现中，中国发展正在昂首阔步。

“播下一种思想，收获一种行为；播下一种行为，收获一种习惯；播下一种习惯，收获一种品行。”作为当代的大学生，更不能把马克思主义理论这一宝贵财富束之高阁蒙尘。青年大学生应当自觉学习党的理论知识、学习马克思主义，不断坚定自己的马克思主义信仰，这事关党和国家未来的前途和命运。因而不是让我们仅仅简单地了解、认识马克思主义，更重要的是让我们青年学生对马克思主义能够做到真学、真懂、真用。就像周教授对我们提出的那样，必须掌握意识形态主动权，牢牢抓住自己的内心，明确自己的任务和使命。作为一名当代警校生，就应该学习更多的科学文化知识，掌握更多的为人民服务的本领，在自身发展道路上不断完善自己，争做一名为党的事业增光添彩的优秀预备警官。

三、学习先进典型 恪守职业操守

人民警察是和平年代最危险的职业，是新时期最具奉献精神的英雄群体。7 月 11 日，我们有幸聆听了陈国淑、李永权、母俊峰三位公安英模的先进事迹。他们用汗水、青春与热血扛起了沉甸甸的责任与使命，听着他们几度哽咽地为我们讲述不平凡的警察职业中的艰辛与苦楚，我颇为感动。

陈国淑，优秀的女民警，1999 年从警至今已有 17 年，身为一名女性，用付出与坚持证明了自己的能力，急群众之所急，想群众之所想，解群众之所困，赢得了百姓的信任与支持。

母俊峰，高速交警内宜二大队民警，“夏天一身汗，冬天一身雪”是他工作的真实写照，他铁面无私严惩交通违法；他心细如尘，为来往司机送去温暖。他始终认为，在警察眼里很平常的小事在群众眼里就是大事。

李永权，从警七年，嫉恶如仇，是犯罪分子的克星；他舍身忘我，是群众心中的依靠；他无论大案小案，都全身心投入，从不挑剔。

他们是所有人民警察的缩影，如同这三位英模这样舍小家为大家的普通警察数不胜数。人民警察，人民为先，他们把群众的冷暖安危时刻挂在心头。面对群众疾苦，他们倾尽全力解决；面对困难，他毫不退缩；面对死神，他们坦然自若。他们，用一个个亲身经历的故事，为我们讲述了一名合格的人民警察的职业操守，为我们树立了一个个先进典范。

我们当中有不少人在孩提时都有一个“警察梦”，一身帅气的警服、一个坚定的举手礼、一声亲切的称呼……但是，当我们真正有幸穿上这身警服时，我们应该明白，我们选择了与危险做斗争，选择了与艰辛共相随。“雄关漫道真如铁，而今迈步从头越。”我们的警察人生才刚刚起步，从现在开始，要以一名警察的标准严格要求自己，以公安英模为榜样，常修为政之德，常思贪欲之害，常怀自律之心，而公安英模的先进事迹将会一直鞭策着我们前行！

为期一周的思政暑期集中实践活动在激动人心的旋律中完美落幕。短短一周，转瞬即逝，却使我感触良多，收获颇丰。今天，我们早已远离了那些血雨腥风的岁月，正享受着革命先烈用生命为我们创造的美好幸福生活，而我们正是民族和国家的希望，我们的政治思想素质关乎国家的未来。作为当代大学生，作为一名警校生，我们应该对自己有更深刻的认识和更高远的要求。终有一日，我们能够拍着自己的胸脯，斩钉截铁地说：“中国的未来，我们敢担当！”

我的藏蓝因信仰更蓝

治安1505区队　王昊纬

为深入推进“两学一做”学习教育，推进学院“大思政”育人工程深入开展，创新“大思政”育人模式，深化思政课教学改革，培养“信念坚定、执法为民、敢于担当、作风过硬、纪律严明的”公安专门人才，我院思政部组织2015级学生集中开展暑期实践教学活动。

7月9日到7月13日为我院组织开展思政课集中实践教学时间。在此期间，学院邀请了三位公安英模为同学们做忠诚警魂教育专题报告。二级英模陈国淑从警十七年来，时刻把群众装在心里，急群众之所急，想群众之所想，从一点一滴中做起，为群众办实事、办好事，切切实实践行了为人民服务的根本宗旨。最美警察李永权从警七年来，立志做一名“忠诚、为民、务实、清廉”的合格警察。他嫉恶如仇，是犯罪分子的克星；他舍身忘我，是群众心中的依靠。最美警察母俊峰始终认为：警察眼里很平常的小事，或许在群众眼里就是大事。只有将群众利益放在心上，才能时时急民之所急，解民之所忧。三位英模朴素而充满哲理的语言让我懂得了“警察”二字的分量，选择了警察就是选择了奉献。给我留下印象最深刻的是南充市公安局嘉陵区分局特勤大队指导员李永权警官，他是村民眼中的“贴心人”，时刻把老百姓的冷暖放在心上，整天为辖区群众的事忙忙碌碌，却没有时间为儿子的手机充50元话费，成为一生的遗憾。听完李警官的动情讲述，全场响起了一阵阵雷鸣般的掌声，那时的我早已泪流两行。人民警察为人民，这才是真正的人民警察。这是一种至高无上的向往，这是一种无怨无悔的追求。有血有肉，方显男儿本色；有爱有情，则是人民警察书写的真实答卷！

年幼的我曾天真地认为警察就是抓小偷的，如今，我有幸就读于四川警察学院，成为一名预备警官，我懂得了警察除了抓小偷以外，还能做许多为人民服务的事情。以服务人民为荣，这是人民警察神圣的天职，是绿叶对根天经地义的回报，人民警察是人民的忠诚卫士，这神圣的称呼承载着13亿人民的殷殷期盼，浸透着母亲对儿女的谆谆嘱托，我们的一切来自人民，我们的一切属于人民，为人民持枪站岗永远是我们无悔的选择，是我们终身最大的快乐。我们不惧狂风暴雨霜寒酷暑，一颗滚烫的心早已不单单属于我们，它属于和我们血脉相连的人民！

在互动环节，同学们积极向英模问及有关工作与家庭的权衡、大学与工作的联系、工作中的感人事迹等问题，英模们的解答不仅进一步加深了大家对公安工作的理解，更坚定了大家的从警之志。男儿的本色是出鞘的利剑，是抓捕途中一次又一次义无反顾扑向未知的危险，是从五天五夜的深度昏迷中醒来后，带着满身伤痕拄着拐杖出现在办公室的身影；男儿的本色是查缉点上说时迟那时快夺下子弹已上膛的手枪的果敢，是面对斧头、砍刀的智勇双全和面对金钱诱惑的毫不动色。利剑锋刃的光芒回归百姓，就是护佑苍生黎民的切身利益和数千次的民心点赞。几度风雨，几度春秋，用赤胆照应利剑；一身警服，一身正气，用生命托举警徽。

在暑期思政集中实践教学期间，思政部组织500余名师生参观了泸州市法纪教育中心。通过参观中心一幅幅廉政知识长卷，师生们接受了一次思想洗礼并纷纷表示，要在今后的人生路、从警路上常怀律己之心，常思贪欲之害，常修为政之德，永葆廉洁本色。剖案析理，探病寻源；信仰缺失，三观沦陷。祸国殃民，害家毁身；罪心悔泪，警示后人。利剑高悬，群众利益不可侵，前车之覆在身边；一失足成千古恨，身败名裂悔也晚。清正在德，廉洁在志；廉洁修身，锤炼升华；砥砺前行，惩防并举。

在暑期思政集中实践教学期间，思政部组织五百余名师生在学院礼堂参加了由重庆市红岩历史博物馆原馆长厉华研究员的“红岩魂——信仰的力量”学术报告。这也是我认为最生动、最形象的专题报告。同学们在重温这段红色历史的同时，更应深刻反思，以史为鉴，坚定理想信念。通过学习党的革命历史，继承光荣传统，提升自身政治素养，坚定自己的政治信念。

厉华馆长的演讲分为三个部分：一，忠于自己的政治选择；二，天下兴亡，匹夫有责；三，血与泪的嘱托。第一部分中，无声的战士——何功伟，为天地存正气，献身真理以利国家；纵然粉身碎骨，此志不渝气节永存。沉默的温柔——黎琳，孤军奋战斗智斗勇，危险时沉着冷静；身处敌营无所畏惧，严于律己冷对利诱。在他们身上，我认识到了忠于自己的政治选择就要不怕牺牲，敢去牺牲，如果需要敢为自己的信仰而死。第二部分中，千古功臣——杨虎城，厚德载物自强不息，以身殉职不亦伟乎；务实求理以顾大局，舍弃小利追寻大德。百万富翁的无产者——卢绪章，古有弃笔从戎者，今有弃商参军者；倾尽财力助革命，全心全意忠于党。的确，天下兴亡，匹夫有责。革命先烈身处牢房，面对敌人威逼利诱，心存绝对忠诚。不低头、不堕落、不腐化。从盼望出狱到面对死亡，从要死得其所到血与泪的嘱托，革命先烈用死亡捍卫生命的意义，用生命表达绝对忠诚。不可忘记的总结：学史爱党，知史爱国。作为当代预备警官，我们应当时刻牢记忠于党，忠于国家，忠于人民，忠于法律。忠诚为民，勤学成才！

在五天的思政集中实践教学期间，给我留下印象最为深刻的就是最后一天的演讲比赛。因为我参加了那场演讲比赛，由于是第一次演讲而且还是第一个出场的演讲者，难免有些小紧张。这次演讲以“奋斗青春——让梦想起航”为主题，青春与梦想是历久弥新的话题，在警院这个特殊而充满温情与朝气的地方，青春总是充溢着藏青色，梦想总是浸润着汗水。

我们都是警院里发芽成长的种子，在神圣的国旗下，我们举起拳头，庄严宣誓，注定要比别人承担得更多。为了警察理想，“流血流汗不流泪，掉皮掉肉不掉队”是我们青春的见证。既然选择了远方，便只顾风雨兼程。我愿守土复开疆，道义丹心肩上扛。金色警徽，藏蓝警服，是警察不灭的印记；坚定信念，敢于担当，是警察不变的忠诚。我们用热血谱写每一页文字，彰显同样的主题：国家安危，公安系于一半。

青春的奋斗没有止境，台上演讲者充满激情的演讲感染着每一个人。身为警校生的我们，面对祖国、面对人民，应树立并追求自己的理想，那金色警徽彰显的是不朽的忠诚警魂，藏青警服扛着的是不卸的责任担当。

总之，这次思政集中实践教学让我成长了不少，身为一名预备警官，我会在今后的学习生活中以更高的标准，严格要求自己。忠诚为民，勤学成才！严格训练，刻苦学习，顽强拼搏，积极进取，争做一名具有强烈时代责任感和职业荣誉感的优秀预备警官，担负起祖国与人民赋予我们的希望。

剑削恶痂，反腐倡廉

刑技1501区队　晏　豪

在思政暑期集中实训的第五天下午，我所在大队在学院思政部指导教师带领下，来到泸州市法纪教育中心，参加了近些年来反腐查处落马的“大老虎”和“小苍蝇”案例警示教育。

当天下午，我们乘车来到泸州市法纪教育中心。进入展区前，我们整齐列队集合，怀着无比敬畏的心情走进这个有些神秘的地方，每一步都让人感觉到真的是如履薄冰。

我静静地跟着队伍挪动步伐，缓慢且有一种不可描述的沉重，进入到偌大的地下室，入口处脚下发出龟裂声音的玻璃地面，让人切身感受到如履薄冰，随时会掉入万劫不复的深渊。进入大厅，伫立眼前的是两米高的巨剑，这把巨剑插入石中，竟如当年亚瑟王所用的石中剑一般威严，像是只要你恶念邪思一动，这把剑便脱土而出，活生生要穿过你的身体。这样的场景不经意地在你的思想深处种下了“清政廉洁”的种子。

这把剑悬于头上，立于心中！这个地方足足三千平米，却是一个让人感到阴暗和可怕的角落。这个展厅里墙上展示出来的贪官们，他们曾做出功绩，也曾清明廉洁，可如今呢？却已然是阶下囚、堕落者。我们虽只作为一个参观者，但那柄剑就在那里，让我们感到剑锋的寒气，仿佛一不小心，便会让你身首异处。

一把开辟廉政洪流的宝剑，如虹剑起，猛挑贪腐恶痂。

唯有清风，才能正气。痛定思痛，剖析个别贪官如何从一个党的领导干部蜕变成一个个危害国家、危害社会的腐败分子，究其原因无非是以下几点：一是律己不严、虚荣浮华。总以为犯点小错误、收点小礼品没什么大不了，殊不知这些正是思想腐化的开端，正是走向犯罪深渊的第一步。正如古语云：“千里之堤，毁于蚁穴。”二是治家不严、交友不慎。每个人都绝非生活在真空里，都有自己的妻儿、亲戚朋友，若出于亲情友情为亲戚朋友打开方便之门，为他们广开财路，那便是拉着亲戚朋友和自己一起走上不归路。三是无视监督、漠视国法。生活中不少领导干部都走上了不归路，都有一个共同点，那就是无视党和人民的监督，无视党规党纪的监管，忘记自己手中的权力只不过是人民赋予给你的，最后的结局只有一个，那就是以一己之利挑战法律落得一个身死名灭的下场。

古人云："修身、齐家、治国、平天下。"作为一名优秀的党员干部，必须要牢固树立正确的人生观和价值观，不断加强党性锻炼，加强道德修养，坚定理想信念，始终牢记人民公仆"全心全意为人民服务"的宗旨，真正把"权力"化作为人民服务的责任，把"职位"作为为人民创造政绩的舞台，做到情为民所系、权为民所用、利为民所谋，坚持不懈做好事，诚心诚意办实事，尽心竭力解难事，永不忘本，永不忘民。只要方向明确了，道路正确了，我们的干部就会在为党的伟大事业而奋斗的道路上始终不迷路，一帆风顺不触礁，一生平安不惹祸。

领导干部始终要以共产党员的标准要求自己，始终要牢记自己的言行代表的不仅仅是自己，还有执政党的形象，坚持做到慎独、慎微、慎情，切实把各项纪律要求转化为自觉行动。慎独，即时时处处严格要求自己，加强自我规范和约束；慎微，即认真做好每件小事，管好每个细节；慎情，即教育和管好自己的配偶、子女和亲属，正确处理好公私、情法、得失，在面对亲情和友情的时候要坚持原则，绝不能出于亲情友情而违反原则，为他们谋取利益。要做党纪国法的维护者、公平正义的捍卫者。在国家利益和个人利益相矛盾的时候，一切以国家利益为重，把个人的得与失、名与利置之度外，做一个纯洁的人、脱离低级趣味的人、有益于人民的人。

改革开放使中国向世界敞开了大门，新鲜空气和苍蝇蚊子一起涌入国门。受各种诱惑和不良思想影响，一些人利益熏心，不能自持，经不起考验，导演出了一幕幕惊心动魄的丑剧。

历史是一面镜子。我国为什么能在中华人民共和国成立后很长一段时间内遏制贪污腐败？主要是在"严"字上做足了文章。据老一辈革命家薄一波回忆，在公审建国后大贪官刘青山、张子善的大会召开之前，曾有党内的老同志找到薄一波，要薄一波向毛泽东说情，是否可以不杀刘、张。

当时主持全国“三反”工作的薄一波向毛泽东反映了这个建议，毛泽东说，正因为他们两个人的地位高、功劳大、影响大，所以才下定决心处决他们，唯有处决他们，才可以挽救20个、200个、2000个犯有不同程度错误的干部。

十八大以来，我们党强力反腐取得了很大的成绩。一批批贪官被查处惩治，我们看到了中央反腐坚如磐石的决心，也感受到了老百姓的发自内心的拥护支持。但是我们也应当看到，腐败现象仍难以根除，一些腐败分子之所以胆大妄为，前腐后继，原因恐怕是心存侥幸。古人说：“罪重刑轻，刑至事生。”历史的经验教训，我们应当积极地汲取，从严打击贪污腐败丑恶现象，使贪官有所惧不敢为，打赢反腐败斗争这场攻坚战！

心中的剑久久悬于头颈，不敢肆意妄为。

而我久久不能忘怀险峻，不敢任意为之。

传承红色文化，坚定理想信念

刑技 1502 区队　陈俊妃

为认真贯彻落实中央及公安部党委一系列重要部署精神，不断深化公安院校思想政治教育改革，有效达成“政治育警、忠诚铸魂”的根本目标，学校全面实施具有公安院校特色的“大思政”育人工程。2017 年 1 月 12 日下午，我们 2015 级三大队之侦查、禁毒、刑技、法学四个专业，共计 13 个区队、650 多名学生开始了为期四天半的寒假思政课集中实训活动。

集中实训期间，我们主要开展理想信念、红色传统、忠诚警魂、传统文化、廉政警示、青春励志六大主题教学实践活动，并采取专家讲座、英模报告、激情演讲、现场考察、大型访谈等各种教学形式。专家的精彩讲授、英模的经验分享，使我们产生强烈共鸣，也使我们收获颇多。经过为期四天半的大思政集中实践，对于如何实现自我理想，如何做好一名人民警察以及传承那段红色岁月留下的红色基因有了更深的体悟。

一、牢记革命历史，传承红色基因

理想信念是人生道路的航向标，是青年学生前行奋进的行动指南，更是党凝心聚力、增强队伍战斗力的源泉。

中国红岩文化研究专家、红岩历史博物馆原馆长厉华教授就“红岩魂——信仰的力量”为我们带来一场革命传统教育的红岩精神主题报告。厉华教授的报告集历史性、故事性、说理性于一体，突出“信仰的力量”这个主题，从国共两党的历史比较、理想信仰的伟大力量、红岩精神的深刻启示等方面展开。他通过列举翔实的史料，满怀激情、铿锵有力地讲述了白公馆、渣滓洞等特殊战场上，何功伟、江竹筠等共产党人为人民解放事业抛头颅洒热血的壮举。狱中烈士一个个感人至深的历史故事，把大家带回到那个血雨腥风的革命年代和烽火岁月。革命先辈对党无限忠诚、对理想信念无比坚定、甘为人民解放事业牺牲奉献的“红岩精神”，使每一位在场的同学的心灵都受到了强烈的震撼。厉华馆长说，28 年的探索都围绕着一个历史和现实方面沉重的话题——堡垒容易从内部攻破。这就需要我们忠于自己的政治选择，为了信仰，甘愿牺牲和奉献。

二、树立正确社会主义核心价值观

泸州市委党校的舒榕教授，向我们讲述了世界社会主义 500 年经历的 6 个发展阶段，即空想社会主义的产生和发展、马克思和恩格斯创立科学社会主义理论体系、列宁领导十月革命胜利并实践社会主义、苏联模式、中华人民共和国成立以及改革开放。舒榕教授告诉我们共产主义并不是遥远的虚谈，而是推动世界发展的重要思潮和社会发展的必然选择。虽然我们中国在社会主义的建设时期经历了许多曲折，但我们终究在困境中愈挫愈勇，从温饱到小康再到全面小康，我们都在慢慢实现。所以我们要对中国梦充满信心，切实增强“四个自信”，为实现伟大中国梦而不懈奋斗。

三、创新是一个民族进步的灵魂

李克强总理指出：“当前中国发展进入新常态，处在发展方式和新旧动能转换关键期，要以‘大众创业 万众创新’这一结构性改革激发市场活力、潜力和社会创造力，打造发展新引擎。”这次去“中国第一窖”——泸州老窖 1573 国窖窖池参观，我们看到了纯手工发酵酿制的过程，了解了传承几百年的酿酒工艺，参观了各种藏酒。但折服我们的不仅是我国历史悠久的酒文化，更是在酿酒工艺中人们的改革创新。而作为预备警官的我们也应当发扬创新精神，立足岗位，拓展思维，打开眼界，积极进行创新，助推公安事业创新发展。

四、廉政警示，警钟长鸣

警钟长鸣，筑牢防线。1 月 16 日，我们走进了泸州市法纪教育中心接受廉政警示教育。任何腐化、腐败行为都是从思想的退化开始的，都有一个思想演变的过程。因此，把好思想关是最有效的预防措施。作为一名预备警官，我们要进一步加强自身的廉洁自律意识，认清权力是把双刃剑。

必须常怀律己之心，常思贪欲之害，常修为政之德，永葆廉洁本色；必须坚定信念，开拓进取，权为民用、利为民谋、情为民系，踏踏实实干事，堂堂正正做人。

五、忠诚、为民、公正、廉洁

“忠诚、为民、公正、廉洁”的人民警察核心价值观，是公安文化的精髓，是公安队伍强大的精神力量和纽带。“忠诚为民，勤学成才”的校训，需要我们每一个预备警官用一生去践行、去实现。

如果说前面的讲座与参观是围绕思想传承、创新精神与廉政警示等方面来进行的话，那么接下来的四个讲座则是更为接地气的经验分享讲座。分别为：“全国文明家庭”廖胜利夫妇为我们做的题为“人民警察家庭与生活双赢的智慧”的讲座、遂宁市公安局警官培训中心教官唐亚平为我们做的题为“爱民为民——人民警察不变的底色”的讲座、泸州市公安局刑侦支队副支队长董治南警官为我们做的题为“从警校生到全国预审专家的成功密码”的讲座、我校“双千计划教官”、优秀狙击手邹晶为我们做的题为“一名优秀的射击手是如何炼成的”的讲座。

廖胜利夫妇的故事感人至深，让我们懂得了小家与大家之间的爱；唐亚平教官更用她的爱岗敬业，为人民做实事、做好事的精神感染着我们；董治南副支队长的一句话让我们印象尤为深刻——只有踏实认真的工作才能有自己骄傲的成就，我想这句话也将激励着我们踏实做人，上进奋斗；邹晶师兄让我们看到了踏实练好过硬本领的魅力。

我们在假期曾经去公安机关见习过，虽然只有短短的一个多月，但我们也都深刻地体会到了作为警察的艰辛与责任。那一抹藏蓝是荣耀同时也是一份沉重的责任。警察队伍有上百万，平凡社区民警、户籍民警、冲锋一线民警……不是每一个人都会拥有惊天动地的事迹，但我爱警察，因为在平凡坚守之中也能彰显出伟大。相信通过这一期的思政集中学习，红岩精神会在我们心中根深蒂固，廉政警钟会在我们耳畔长鸣，忠诚为民、勤学成才的校训会让我们砥砺前行，全心全意为人民服务，走好属于我们这一代的长征路！

弘扬革命传统，忠诚为民，勤学成才

刑技 1502 区队　纳云娇

为推进学院“大思政”育人工程深入开展，创新“大思政”育人模式，深化思政教学改革，培养“坚定信念、执法为民、敢于担当、作风过硬、纪律严明”的公安专门人才，在学院思政部的统一组织下，我们 2015 级学生于 2017 年 1 月 12 日下午至 16 日，集中四天半的时间参加了寒假思政集中实践教学活动。

在这四天半的时间里，我们依旧像平常一样着装规范、纪律严明、严格考勤，处处彰显着与普通大学生不同的自我要求。学院精心组织的这次集中实践教学活动在我们脑海留下深刻记忆，让我们对历史、对先烈、对警察的职业有了更深刻的理解，为自己的未来增添了更多的责任感和使命感。

一、弘扬革命传统，传承红岩精神

1 月 12 日下午，重庆歌乐山烈士陵园纪念馆原馆长、“红岩”文化研究专家厉华应邀在礼堂为参加思政课寒假集中实践教学活动的师生作“弘扬革命传统，传承红岩精神”专题讲座。

厉华馆长的演讲让我重燃了一颗炽热的心，其中让我印象最为深刻的是红色女谍张露萍的事迹：

张露萍（1921—1945），出生于四川省崇庆县。张露萍从小就阅读了大量书籍，并在革命爆发之后，思考救国救民之路。1937 年，在成都读中学的张露萍参加了共产党的外围组织“中华民族解放先锋队”四川总队，积极投入抗日救亡宣传活动。1937 年 11 月，在车耀先和党组织的帮助下，张露萍和同学一路奔赴延安。期间，张露萍等人多次出色地完成了南方局交代的各种任务。

1940 年张露萍身份暴露被捕，戴笠对张露萍用尽酷刑，也没从张露萍口中得到任何党的机密。1945 年 7 月 14 日，年仅 24 岁的张露萍被国民党特务杀害。

参观烈士陵园纪念馆作为“大思政”教学活动中的重要一环，对革命传统的学习尤为重要。通过厉华馆长围绕“红岩精神”所作的讲座，我深刻认识到作为一名女性，张露萍的事迹是令很多人都佩服的。面对死亡，任何人都会感到恐惧，只有心中怀揣着信念和光明才能意志坚定、初心不忘。只有坚定理想信念、传承红色基因，把红色革命传统与个人行为结合起来，才能不断增强自己克服困难、迎接挑战的信心与决心。

二、世界社会主义 500 年

1 月 13 日上午，泸州市委党校教务处处长、副教授舒榕在学院礼堂为我们带来“理想信念”专题讲座。

知名学者舒榕的讲座，使我们增强了使命意识和担当意识，帮助我们克服理论学习的碎片化、浅层化等问题，也使我们认识到只有在理论上信服、情感上认同，才能成为一名真正的青年马克思主义者。对于我们当代大学生来说，尤其对作为一名理科生的我来说，关于马克思主义的学习一开始我是很拒绝的，文字很多内容深奥，甚至有时候我觉得那完全就是读天书。但是后来进入警校学习，越来越多地接触了政治，慢慢地明白了唯有社会主义才是中国的必由之路。

三、忠诚为民，公正廉洁

警察是一个无比光荣的职业，曾是多少有志青年慷慨激昂的毅然选择。作为一名预备警官，从踏入警校穿上警服的那一刻起，从入警宣誓开始，就注定要与责任、奉献、牺牲结下不解之缘。

廖胜利警官和他妻子之间的故事让我们懂得了如何对待警察职业与家庭生活之间的矛盾，学会人民警察家庭与生活双赢的智慧，即使有时候为了大家顾不了小家，也是幸福的，这是每一个警察都会面对也要学会处理的问题。

遂宁公安局警官培训中心教官唐亚平所作的“忠诚为民，人民警察不变的底色”专题报告中讲到，不管是基层民警还是机关民警，无私奉献全心全意为人民服务都贯穿着这一生警路。

泸州市公安局刑侦支队副支队长董治南在“从警校生到全国预审专家的成功密码”的主题讲座中分享了他与犯罪分子斗智斗勇的从警经历，让我认识到认准一件事就一定要做好并且坚持到底的道理。

我校“双千计划教官”、优秀射击手邹晶，从小酷爱玩枪，凭借超人的意志成为一名狙击手。我从中领悟到，做好一件事除了自身的喜好以外，不怕苦不怕累不放弃才是关键。作为我们的师兄，他是我们川警的骄傲，是我们警院之子的骄傲。

作为一名新世纪的预备警官，要在心里时刻提醒自己：立警为公、执法为民。积极响应时代的召唤，去探索、去创造、去奉献、去完成时代赋予我们的光荣使命，做一个新时代的优秀人民警察。

四、青春励志，激情演讲

1 月 14 日下午，青春励志教育之“奋斗青春，让梦想起航”演讲比赛在礼堂举行，13 名选手纷纷喊出了自己的青春誓言。

而我有幸参与组织和安排演讲比赛，从准备稿子到熟练演讲，在短短的时间内我也看到了选手们的满腔热血和认真完成任务的态度。在紧张的活动节奏里，流淌着别样的花样年华；在同样的制服后面，演绎着不同的进退故事；我们不能预知明天，但可以掌握今天；我们不能样样顺利，但可以事事尽心！

五、廉政警示，改革创新

1 月 16 日，三大队的全体学生在学院思政部教师的带领下，走进泸州市法纪教育中心接受廉政警示教育，开展现场教学活动。

“常修为政之德，常思贪欲之害，常怀律己之心。”在本次的法纪教育中心参观活动中，我对廉洁自律有了进一步的理解和认识。古人云：“公生明，廉生威。”墙上各种贪污腐败案例让人触目惊心、发人深省，太多人因为自己的贪欲走向犯罪的深渊，最终身败名裂。前事不忘，后事之师，作为预备警官的我们要加强自身的修养，打牢廉洁从警的思想基础。

创新是一个民族进步的灵魂。为了让我们感受改革创新为我们民族工业带来的活力与进步，老师们带领我们走进“中国第一窖”——泸州老窖1573国窖窖池开展现场教学活动。泸州老窖把民族工业和现代企业制度融为一体，将传统工艺与现代科学技术相结合，把国内白酒制造发展推进到高端水平。这种改革创新不仅关乎企业的生存，同样影响着国家经济的活力。

在四天半的思政课集中实训期间，作为学习委员的我，在思政部老师的安排下负责整个区队的管理任务，更加深刻地感受到此次活动的来之不易。所有思政部的老师都为此尽心竭力。思政集中实训，让我们的信仰信念更加坚定，前行动力更加强悍，校园记忆更加深刻，未来的10年甚至更久我们依然能牢记刘文芳教授的寄语：2017年，添一份坚守，多一份担当。让青春在奉献中闪光！

不忘初心，方得始终

刑技 1502 区队　王琨淇

世界上最快而又最慢，最长而又最短，最平凡而又最珍贵，最易被忽视而又最令人后悔的就是时间。在经历了短短 5 天时间的思政集中实践学习后，党的方针和基本治国路线以及一些做人的道理已经深深地烙印在我心中。短短 5 天时间里，我们开展了一系列的教育活动，包括红色传统、理想信念教育等，这其中的每一次活动都让我获益匪浅。在集中实训的第一堂课里，重庆歌乐山烈士陵园纪念馆原馆长厉华为我们做了关于“红岩精神”的专题演讲，他的讲述让我不禁联想到很多，也感慨那个年代的风风雨雨。

古人云：“身在兵位，胸为帅谋。”在那个战火烽烟、激情燃烧的岁月，是什么在支撑着每个共产党人为了革命而献出自己宝贵的生命？是什么让他们在面对敌人的威逼利诱时还能保持自己的定力？带着这些疑问我认真聆听厉华教授的演讲。他的动情讲述告诉我这就是“红岩精神”，每一个共产党人都应该具备的精神，而真正让我惊讶的是这种精神已经渗透进了每一个共产党员的骨子里。可能现在的我们还无法完全去体会当时他们的那种斗志和灵魂，但这种精神却是中国在共产党的带领下逐渐变得强大起来的原因之一。

如今苍翠的歌乐山下长眠着“一一二七”惨案的 321 位革命烈士。1949 年 4 月，中国人民解放军占领南京，国民党反动统治宣告覆灭。解放大军继续进逼重庆，蒋介石被迫决定由重庆撤退。根据蒋介石的直接命令，国民党特务从 9 月即开始分批屠杀狱中革命志士。著名爱国将领杨虎城及秘书宋绮云一家，陈然、王朴、成善谋等陆续被杀害。1949 年 11 月 27 日，国民党反动派在仓皇逃跑前，对囚禁在白公馆、渣滓洞等监狱的革命者进行了疯狂的大屠杀，许晓轩、谭沈明、刘国志等近 200 人被杀害，还纵火焚烧了渣滓洞男牢房，制造了震惊中外的“一一二七”惨案。

心中带着这一段历史，在集中实训的学习中，很荣幸能够得到历华馆长的亲自解读。他讲述了在“白公馆”“渣滓洞”监狱中一个又一个鲜为人知的感人故事。刘国志、何功伟、谢育才、卢绪章、肖林、江竹筠等共产党人，面对敌人的严刑拷打，站在金钱和理想的天平面前，他们选择了始终忠诚于自己的信念，用生命捍卫了自己的入党誓言。厉华教授还用烈士的遗嘱和“狱中八条”告诫在场每一个人要坚定信念，要珍惜烈士用鲜血甚至生命换来的教训。“红岩魂”主题报告让我们不仅了解到一大批革命志士在经历敌人种种惨不忍睹的酷刑折磨时所承受的常人难以忍受的痛楚，更让我们看到了在他们身上所表现出的那种面对苦难时坚定不移的品质与精神。把“红岩精神”体现在我们的学习中去是现在作为预备警官的我们首先要做到的。虽然，现在我们不需要再像烈士们一样抛头颅、洒热血，但我们也应该为国家、为人民贡献出自己的一份力量，自觉地遵守党的章程，坚定共产主义理想和中国特色社会主义信念，奋发进取。

经过第一天红色传统教育的洗礼后，接下来，刘文芳教授与我们分享了如何对待理想信念与眼前现实。作为预备警官，在不久的将来要成为保卫人民生命财产安全的坚强后盾，崇高的理想信念会为我们指引正确的前进方向，延续我们生命的长度，拓宽我们生命的宽度，使我们的一生充实饱满。所以，年轻的我们应当趁此机会多听听、多看看、多思考，寻找到独属于自己的那一份理想。年轻一代是未来的希望，我们都有着自己的理想与梦想并一直为之努力着，当我们自己的理想实现时，就是为中国梦的实现贡献了自己的一份力量。

思政集中实训学习的第二天，是以“奋斗青春——让梦想起航”为主题的演讲比赛。“不忘初心，方得始终。”这是属于我们年轻人的舞台，热情洋溢，青春绽放。我们或文艺，或刚强的心灵流露，是对未来投身伟大事业最好的诠释。

最后一天的集中实训中，我们在学院思政老师带领下参观了泸州老窖国宝窖池和市法纪教育中心。走进泸州市党员干部法纪教育中心，看到的是展厅墙上一个又一个触目惊心的贪腐案例。我真正感到我们党的党风廉政建设何其不易。参观了这次法纪教育活动，我最大的感受是，为政做官并不是许多人眼中的一条坦途，相反这是一条寂寞的自修之路，需时时谨慎、如履薄冰。我意识到必须做一个思想正直、品德良好的人。在国宝窖池的参观中我感受到了民族工业传统工艺在创新理念之下，走向新生和辉煌。参观学习让我们思考如何将创新思维带入未来的学习和生活中去，积极进行创新实践活动，助推公安事业崭新发展。这几天的思政集中实训生活使我将理想信念、忠诚为民等思想深深地扎根于心中，我将把这一思想融入到今后的学习中去。感谢各位老师的辛苦付出！

树立信仰，坚定理想

刑技 1502 区队　高祥翔

国家的发展离不开当代大学生，中国梦的实现离不开当代大学生。而作为担负托举伟大中国梦的青年大学生，要肩负时代赋予的光荣使命，就必须铸牢理想信念思想根基。在党中央大力推进全国高校思想政治教育改革的大背景下，1 月 12 日至 16 日，四川警察学院思政课寒假集中实践教学活动如期举行，经过为期五天的大思政学习，我对于如何坚定自我信念，如何传承红色精神，如何树立自我理想以及如何做好一名人民警察有了更深刻的体悟理解。

一、树立红色信仰

12 日下午，在一声嘹亮的哨声中我们整齐列队，步入礼堂，在红色的帷幕的衬托下，开训仪式开始了。在思政部主任刘文芳老师的发言中，我认识到了这次集中授课的必要性和重要性。学院邀请重庆歌乐山烈士陵园原馆长、全国红岩问题研究专家厉华教授为全体同学做了“弘扬革命传统，传承红岩精神”的专题讲座。厉华老师与大家分享了许多可歌可泣的不为人知的红色故事，讲述了在危难关头集中营的那些革命志士们是怎样慷慨激昂，为了自己心中的信仰宁死不屈，同时也有少数人为了苟且偷生不惜背叛自己的组织和同志。在此之前，我并不知道还有这样一段段可歌可泣的烈士事迹，那些耳熟能详的英烈在厉华老师的讲述中显得那么栩栩如生，让我更加了解了我们党革命斗争年代种种艰险，也看见了一代代共产党人为了内心的信仰是多么的勇敢顽强，不怕牺牲。虽然也有少数人为了自己利益背叛革命信仰，但历史终将会为那些革命先烈留下浓墨重彩的一笔。厉华老师的讲座，更加坚定了我向党组织靠拢的决心，我会坚定对党的那份信仰，不管在什么情况下都不会背叛。

二、培育忠诚警魂

接下来，学院邀请到来自公安基层一线的英模为我们带来了一场场精彩的报告。这些报告虽没有专家大师那样的理论功底，却因为紧贴我们未来的工作，极大地吸引了大家的兴趣。在所有英模报告中讲得最多的就是那句朴实的“为人民服务”。作为一名人民警察，“为人民服务”这一主题是永恒不变的。来自一线基层的民警的讲述，进一步增强了我们为人民服务的公仆意识以及自觉在校努力学习自己的专业警务技能的意识。我们同时也明白了母警官说的“以让人民满意为最高追求、为自己工作的努力方向”的意义。来自阿坝州特警支队的邹警官告诉我们，一名真正的神枪手是通过没日没夜刻苦训练换来的。他身上的那种奋斗和拼搏精神极大地感染了我。通过聆听一系列专题讲座，我们进一步树立了全心全意为人民服务的宗旨意识，深刻认识到勤政爱民、甘于奉献、忠实履行为人民服务的职责是每一名人民警察的应尽义务。

三、展现青春活力

本次集中实践教学活动时间安排紧凑、内容充实，也带给我们极大的震撼。在思政部老师的积极组织下，我们在本次集中授课之余也有许多丰富多彩的活动，如演讲比赛、红歌大赛。这些精彩纷呈的活动也丰富了我们在校集中实践的课外生活。在演讲比赛中，参赛选手们精心准备，用最饱满的热情对“青春梦想”这个主题进行了属于他们的阐述；在红歌比赛中，虽然平时排练的时间很紧张，但是大家充分利用时间，在舞台上展示了自己风采，用属于我们当代警校生的方式纪念红军长征这段难忘的峥嵘岁月。

四、传承传统文化

最后一天的学习是参观位于泸州市区的泸州老窖 1573 国宝窖池。作为中国酒城，泸州老窖早就享誉四海。在学院的精心筹备下我们全大队的同学都参观了泸州老窖厂区。在生产厂区内，一口口从明朝传承至今的窖池带给我们巨大的震撼，我们感叹中国古代劳动人民的智慧，叹服卓越的酿酒技艺，拜服博大精深的中华文明。接下来我们参观了泸州市法纪教育中心。十八大以来我们党坚持全面从严治党，重肃党风政风，对贪污腐败形成高压态势。在参观之后，我也做了深刻的思考：作为一名人民警察，要时刻牢记自己的使命，在利益面前不动摇，在诱惑面前不低头，严格要求自己，坚定自己的信仰，不受金钱利益诱惑。带着这一行满满的收获我们回到了学院的礼堂，在刘文芳教授的主持下我们大队全体同学在礼堂参加了本期思政课寒假集中实践教学的结训仪式，大家热烈的掌声也为此次思政课集中实践教学活动画上了一个完美的句号。

在此次人民警察理想信念和职业精神的集中培训中，学院通过请进来的形式，邀请知名专家、公安英模、道德模范等开展系列讨论报告，激励作为预备警官的我们成长成才，引导我们正确面对人生中的各种困境和挑战，提高我们的政治素养，让我们争做一名合格的警校生。作为一名预备警官，政治素质首先体现在必须做到政治坚定与清醒。我认为本次大思政教育的活动让我受益匪浅，不仅在政治素质上得到了提高，还学到了很多课本里没有的来自基层一线的工作经验，相信这短短的 5 天的时光也会是我人生中的一笔宝贵的财富。

铸红色警魂

刑技 1503 区队　吕景隆

凛冽的寒风吹过脸庞，我们整齐地站在二球场等待思政老师们的到来，心里无比激动。为推动大思政育人工程，深化思政课教学改革，培养信念坚定、执法为民、勇于担当、作风过硬、纪律严明的公安专门人才，学院组织开展了本期人民警察理想信念与职业精神集中实践教学活动。在接下来的一周时间里，我们参加了理想信念、忠诚警魂、廉洁自律等一系列教育活动。经过此次教育活动，我们在精神上得到了升华。

第一天上午举行了隆重的开训仪式。之后，重庆歌乐山烈士陵园纪念馆原馆长厉华老师为我们带来一场“弘扬革命传统，传承红岩精神”的专题报告，我们的内心无比激动。当我们坐在礼堂聆听厉华老师讲述的时候，我想到了当年革命先烈为了后代能幸福美满的生活，付出了无法想象的艰辛甚至牺牲生命，他们的伟大与无私无以言尽。每当厉老师讲到那些革命先烈的鲜为人知的事迹时，我都热泪盈眶。在当年那样艰苦的环境下，他们完全是依靠自己坚定信念和顽强意志支撑才换来了革命的胜利！在现在看来那都是无法完成的壮举！当今的我们生活在如此优异的条件下，却很少有能够完成“不可能完成的任务”的坚韧品格。所谓的做不到其实都是我们为自己找的借口罢了。对比厉老师给我们讲授的革命先烈们身上的红色精神，我感到惭愧。

周五，我们又聆听一专题讲座——“世界社会主义 500 年”。授课的是泸州市委党校副教授舒榕，她的讲座帮我理清了世界社会主义 500 年的发展脉络，让我了解了很多以前所不知道的社会主义。在中国，我们坚持着中国特色社会主义道路，在现在看来中国特色社会主义道路是非常正确的选择。中国在最近这些年发展无比迅猛，绝对离不开这条坚定的道路。同时也让我明白坚持中国特色社会主义道路任重而道远。作为中国特色社会主义事业的可靠接班人，我应当付出我的青春，在这条道路上砥砺前行。下午，是“忠诚警魂”专题报告：（1）“爱国为民——人民警察不变的底色”；（2）“人民警察工作与家庭双赢的智慧”。学校邀请了两位公安基层一线的英模为我们作报告。在聆听报告之前，我一直有一个顾虑，就是在未来的从警生活中，由于工作的繁忙，可能会忽略家庭。这其实是我的一块心病。曾经规划自己的学习生活时我也为这件事感到过烦恼。但听了廖警官模范夫妻的讲述，我明白了其实没有什么问题是不能解决的。家庭和工作其实是可以双赢的。按照他们传递的智慧，我相信，我未来一定能得到人民警察工作与家庭的双赢。

周六上午是非常轻松愉快的。各区队组织在教室演练红歌，我们深刻感受着红歌的魅力与红军的革命乐观精神，心中热血澎湃，渐渐在心底埋下了一颗忠诚为民、勤学成才的种子。

当天下午，我们再次齐聚礼堂，共同欣赏三大队的才子们的精彩演讲。我印象最深的是老师的点评，她为我们点评了刑事科学技术一区队选手的演讲，他那全身心投入的演讲将比赛推入了高潮。作为台下观众的我们也非常的激动，因为他的每一句话都说到了我们心坎上去了。他的演讲激起了我们作为年轻一代该有的激情，最后他拿到了一等奖也是当之无愧的。比赛中偶尔有同学因为紧张而忘记了自己的演讲词，不过在同学们的鼓励下也圆满地完成了自己的演讲，这也成为整个比赛有意义的插曲。整个过程激烈而美好。听众们时而欢声笑语，时而热泪盈眶，退场时还听见同学们在津津有味地谈论着演讲的内容。

周日上午，我们在礼堂听了来自公安一线优秀民警的一堂课：“一个优秀射手是怎样炼成的”。我作为四川警察学院的一名学生，一直以来就对枪支非常感兴趣。他的到来，点燃了我心中强烈的求知欲望。因为我从小就想成为一名出类拔萃的优秀警察，所以优秀的射击技能也是必不可少的。听了这堂课，我才明白原来我觉得很简单的射击并不仅仅是三点一线那么简单。它除要考虑风向、风力、湿度、温度等各种环境因素，还要靠吃常人不能吃的苦，具有常人所不具备的意志力。邹师兄的经历惊醒了我，正所谓理想很丰满，现实却很残酷。我想成为心中的那个人，需要付出如此多的努力。而现在，我的所学所想，距离它可能还有巨大差距。努力是必然的，所以我已经做好了长期艰苦奋斗的准备！

最后一天是廉政警示教育现场教学。进入泸州市法纪教育中心地下一层，通过通道进入展厅，一把巨大的宝剑高高地立在我们面前，让我立即感受到了代表公平正义的法律之剑的威严。深入内部，看到了各式各样的落网的贪官案例。他们无不深感后悔，他们本来有着无比幸福美满的家庭，却因为自己的一丝贪念，走上了一条不归路，堕入了无尽深渊。天网恢恢，疏而不漏，只有做一个全心全意为人民服务的警察，才能获得自己的职业荣誉和做人的尊严。我们不能为了小利而让自己失去职业操守，丢掉灵魂而后悔终生。

本次思政集中教育，让我切实体会到了坚定理想信念的极端重要性，使我决心以积极向上的态度投入今后的学习生活，并且在警察职业工作中坚决做到对党忠诚、服务人民、执法公正、纪律严明。

信仰，我们不曾忘记

刑技 1501 区队　熊品慧

有一种人生，不同于五彩的青春；有一种热情，不同于烟花的三月；有一种信仰，传承于燃烧的烈焰。忠诚铸警魂，红色信仰，我们不曾忘记。

以前，你问我信仰是什么，我可能不知道。但经过了学院组织的为期一周的人民警察理想信念与职业精神集中实践教学活动，作为一名预备警官的我可以告诉你：信仰，就是当你看到国家危难而需要你的时候，可以义无反顾；当你听到革命先烈的英勇事迹时，会热泪盈眶；当你对未知的将来感到迷茫时，依旧宠辱不惊执着追寻。

我们在和平环境下长大，没有经历过革命先烈们的大风大浪，我们只知道生命的可贵，却无法理解为了一支枪、一枚印、一面旗而放弃生命的理念，无法明白什么是舍生取义。作为一名警院学子，信仰就像一面警钟时刻敲打着我，让我不曾也不敢忘记革命先烈用鲜血换来我们幸福生活背后的深沉。

为推进学院大思政育人工程深入开展，深化思政课教学改革，我院思政部组织集中开展人民警察理想信念与职业精神集中实践教学活动。集中实践教学活动让我真正明白了执法为民、敢于担当、作风过硬、纪律严明的理想信念，让我更懂得政治过硬作为首要标准，绝对忠诚作为第一要求的警校生政治素养要求。当著名的红岩问题研究专家向我们讲述着红岩魂精神时，当礼堂大屏幕上鲜艳的五星红旗高高飘扬时，我想每一个 2015 级学子的心中一定都肃然起敬，也许这就是油然而生的红色信仰，是我们应该传承的红色基因。

一、红色信仰，薪火相传

泰戈尔有言，天空中没有翅膀的痕迹，而我已经飞过。历史是不会停止转动的车轮，而那些被历史保留下来的，不是传统，不是炉灰，不是一成不变，而是热情的火焰的传递。它饱含了世上所有至真至美、至善至纯的真挚情愫。信仰，不像红花绿叶，它是我们的根，是我们事业的灵魂，是我们取得革命胜利以及社会主义现代化建设成果的根本保障。传承红色基因，让我们的旗帜永不褪色，我们才能在未来的人生道路上走得更远，飞得更高。

在实践教学活动中，尤其令我印象深刻的是这样一段短片。片中，习近平总书记认真地观看着牺牲烈士照片墙和烈士英名录。就是这样一个简单的片段，却透露着对先烈的无限缅怀以及对未来的无限憧憬，饱含着内心深处从未忘记过的红色信仰以及信仰背后的深沉。传承红岩魂精神，是莘莘学子的肩头重任。思政教育给我的启示就是，作为一名预备警官，尽管前途荆棘丛生，但信仰值得我们肃然起敬，值得我们用一生坚守，用心灵去接过历史的接力棒，用青春的激情去拥抱时代、拥抱事业、拥抱人生，让红色基因代代相传，永不褪色。

二、行程万里，不忘初心

有人说过这样一句话："忘记过去，就意味着背叛。"同样，红色理念的淡忘、红色基因的退化，必将导致精神的颓废、人格的矮化、信仰的偏离。在学习过程中，我们参观了法纪教育中心，看到了一桩桩因为以身犯法、以权谋私而最终走进冰冷监牢的真实案例，无不令人痛心。他们最终不仅仅是得到的对人身自由权利的剥夺，还毁掉了无数个本应幸福美满的家庭。所以，无论是战争年代还是和平年代，我们都应恪敬职守，不忘初心，砥砺前行。

处于新时代的我们，很容易被外界影响而忘了我们最初的信仰、忘了我们最初所坚持的梦想。如果真的是这样，那么一个毫无信仰可言的民族甚至国家就只能像是天空中的霰雪鸟，一阵阵飞过、一声声彷徨。时代虽然在不断向前发展，可是我们的历史、我们的精神不能忘记。在这伟大的变革时代，那些激情奋战是我们坚持的动力，是我们精神的寄托，是我们前行的方向。可是，在我们的队伍中，总有那么一些人，躲避高远的理想，远离精神的追求，不再讲什么国家大义、诚实守信，一心盯着自身利益，不惜以身犯法、以权谋私。他们是丢掉红色基因的一小部分人，终将为历史所遗忘。人生，要精彩，就要有信仰，为此，需要我们不忘初心、砥砺前行，坚定信仰，传承基因。

三、空谈误国，实干兴邦

（一）做红色基因的接班人

国家，需要我们用汗水来建设。少年强则中国强，少年胜于欧洲则国胜于欧洲。作为新时代大学生，我们应始终秉承心中的红色理想，始终保持警醒的态度，将历史与时代赋予我们的责任放在第一位，把红色基因和理想信念浸透到日常点滴中，切实让其内化于心、外化于行。

警营这个场所，是精神的铸所、英雄的熔炉。作为新时代警校生，传承红色基因，我们义不容辞。小学课本里有这样一篇文章《金色的鱼钩》，相信大家都不陌生。故事里的主人公是一位老班长，他为了把生存的机会留给年轻战士，每天在河里抓鱼，但自己却只吃鱼骨头，只吃青稞，就这样，老班长死了，但是让他的战友活了下来。老班长的坚定信念，让处于和平年代的我们更没有理由退缩，我们，就是红色基因的接班人。

（二）做理想信念的传播者

幸福不会从天而降，梦想不会自动成真。在实现中华民族伟大复兴中国梦的征程中，要做到“红色基因代代传，革命精神永不变”，就需要我们将理想信念传播渗透到每一个角落。我们都知道，蒲公英离开了风，它的种子便不能散落到各个角落生长开花，同样，理想信念也需要传播者作为支撑，而这一重任需要每一个人的共同参与。我们不曾忘记历史，不曾忘记信仰，红岩精神始终铭记于心，但是，这还远远不够。要想社会更加和谐，国家更加繁荣，我们应该让更多人都参与进来，因而传承红色基因，我们任重道远。

（三）做人民的勤务员

习近平总书记说得好，权为民所用，利为民所谋，情为民所系。做人民的勤务员，要把精力用在深入实际、联系群众、解决问题、干事创业、赶超跨越、推动发展的主战场上来，始终把人民的利益放在第一位，以抓铁有痕、踏石留印的干劲，把“三严三实”作为转变工作作风的“风向标”、解决问题的“监测仪”，全心全意为人民办实事，在真抓实干中携手共筑民族复兴中国梦。

四、红岩魂精神，让历史永驻

历史不会忘记，那些用鲜血染红了这片土地、用生命捍卫民族尊严的共和国战士。在历史长河中，两万五千里的漫漫长征，谱写了一曲又一曲气壮山河的英雄赞歌；奋起抵御日寇的十四年抗战，书写了一个又一个豪迈壮举；抗美援朝的五次战役，创造了扭转时局的功绩；抗洪抢险中奋不顾身的感人场面，留下了一部惊天地、泣鬼神的伟大诗篇。听完厉华老师的报告，我的心情久久不能平静。与其说“红岩魂”报告让我们再次回忆革命烈士们被敌人摧残的情景，还不如说让我们看到了他们身上那种面对苦难甚至牺牲时的坚韧不移的精神毅力。那么，作为新时期的大学生，我们又该如何维护党的利益？如何把“红岩精神”体现在我们的工作学习中？虽然，现在我们不需要再像烈士一样抛头颅、洒热血，但我们也应该为党、为人民的利益鞠躬尽瘁，自觉地遵守党的章程，坚定共产主义理想和中国特色社会主义信念，心系群众、奋发进取，充分发挥个人作用，弘扬求真务实精神，实实在在地为广大群众服务，不断续写红岩魂的可贵精神。

五、信仰，我们不曾忘记

红色，承载过去，引领未来；信仰，矢志不渝，践行一生。对于青年大学生，红色是种追求，勇于拼搏；对于历史与现实，红色是种忘我，无怨无悔。红色让青春之树常青，让生命之花绽放，让人生的每个时期都有其独特的魅力。红色信仰，我们从未忘记。

每个人来到这个世界，都会看到阳光，经历风雪，很多东西可能会随着时间的推移发生潜移默化的转变，甚至逐渐淡出我们的视线。只有信仰，我们从未忘记过，忠诚铸警魂，只要我们还在前行，我们还有意识，信仰就是我们必将传承的红色基因，让理想信念开出信仰之花，路上春色正好，挥鞭从此启程。

信仰，我们从未忘记过。

五日思政　一生受益

网安1501区队　陆　承

四年警校，四年青春，一周思政，一生受益。

2016年7月9日—13日，我们按照学校暑期思政集中实训统一安排，开展了为期一周的人民警察理想信念与职业精神集中实践教学活动。本期活动紧密结合纪念建党95周年和中国工农红军长征胜利80周年，开展了理想信念、红色传统、廉政警示、忠诚警魂、青春励志五大主题的系列实践教育活动。起初我认为这是一次毫无意义的活动，但一周后，我深深地明白了为什么中国共产党能带领中国人民走向成功；为什么用短短几十年就能实现资本主义国家用了几百年才实现的社会目标；为什么我国革命先烈们头可断，血可流，仍要坚守他们的理想……

说实话，7月9日，留校的第一天，我心中各种不满的情绪高涨，如同泸州这几天近40度的高温一般难以降下。一方面是因为本来好好的暑假却要留下来参加我认为“无聊的思政活动”；另一方面是因为不能及时回家陪父母还要忍受泸州的高温，想到这些我就各种不满，但转念一想毕竟有四大队的全体同学陪我一起听课、思政部的全体老师也牺牲了休息时间为我们上课。至此，我放松了心态，暑假思政培训生活正式开始。

9号上午，开训仪式上，思政部周长明主任对“大思政”教学活动做了整体解读，提到此次思政课集中实践教学改革的五个新的亮点：一是“大思政”育人活动的新拓展；二是学院开展思政课改革的新探索；三是学院党委高度重视“大思政”育人工程，构建全员育人、全程育人、全方位育人的新格局；四是持续推进“两学一做”学习教育的新形式；五是实现公安院校政治育警人才培养要求的新举措。这段话是我作为校报编辑部的一名记者在采访后了解到的，这使我进一步调整了参加思政集训学习的心态。

开训仪式结束后，周长明主任为全体学员做了题为“当前我国意识形态安全问题”的专题讲座，他为我们详细分析了当前我国意识形态领域面临的机遇和优势，一是中国经济的崛起使中国对自己的主流意识形态信心增强；二是在世界范围内的意识形态斗争中存在大量可供我们利用的矛盾和可以借助的力量。思政部副主任刘文芳教授做了“崇高的理想教育，点亮出彩人生”的理想信念教育专题讲座。她谈到，“生活，不仅是眼前的苟且，还有诗和远方，”并通过生动有趣的例子为我们详细解释了生存与生活、理想与现实、索取与付出、读书的有用与否关系，强调了积极的价值观对大学生的正确导向作用，两位老师的讲座让我认识到意识形态和理想信念对个人人生的极端重要性。

7月10日上午，“全国公安机关爱民模范”陈国淑警官、“四川省首届十大最美人民警察”称号获得者李永权警官、母俊峰警官来到了大礼堂，为我们做关于警察职业理想与职业精神的专题报告。他们在工作岗位上几十年如一日的坚守，让我明白了警察的职业精神——全心全意为人民服务。李永权警官的寄语，“做到忠诚、为民、务实、清廉，要保得住本色、经得住考验、守得住底线，老老实实做人，兢兢业业履职”。他的讲述让我决定要努力成为一名对得起组织、对得起人民、对得起家庭、对得起“警察”称谓的合格的人民警察。陈国淑警官巾帼不让须眉，用她十多年一贯为人民服务的精神让我明白，时刻把群众装在心间，急群众所急，想群众所想，为群众做实事、办好事，才能不断赢得群众的理解和支持，才能切切实实践行为人民服务的宗旨。母俊峰警官作为一名交警，他在高速路上的经历，让我明白唯有“赤胆忠诚”的信念才能让人民警察默默地履行应尽的责任，无怨无悔，任劳任怨地坚守着那一方平安。

下午的活动是让我最难忘的。重庆市红岩历史博物馆原馆长、研究员，央视百家讲坛“信仰的力量”主讲人厉华为我们做了题为“红岩魂——信仰的力量”的专题讲座。厉华馆长从四个方面（忠诚于自己的政治选择、天下兴亡匹夫有责、血与泪的嘱托、不可忘记的总结），结合多个红岩革命烈士的革命事迹，告诉我们警校生应该怎样忠诚于自己的政治选择——忠诚于中国共产党。之后他又分别举以黎琳烈士和刘国志烈士的事迹，向我们传达了“心存敬畏、执行纪律”和“严于律己、绝不玷污党的荣誉”思想，诠释了警校生应该从哪些方面来忠诚于自己的政治选择。厉华馆长以自己长期从事红岩历史研究所搜集到的史料，真实地向在场人员还原了当时革命先烈所处的环境与他们所做出的牺牲。我长久沉浸在厉华馆长所讲述的革命烈士忠诚于中国共产党的一幕幕壮举中，深深敬佩当年革命先烈在面临敌人严刑拷打时绝不出卖组织秘密的坚定决心与毅力。事后我一直在思考是什么让他们能经受住严刑，哪怕头断血流也不动摇，我想，那就是信仰的力量！

11日上午，在马中全老师的带领下，我们参观了泸州市法纪教育中心。法纪教育基地的展览内容贯穿“法、纪、德、廉”四大要素，分为“警示篇、教育篇和践行篇”三个篇章，全面展现了十八大以来，全国各地查处的违法违纪的贪官，特别是泸州市范围内领导干部违反“四风”问题的典型案例。以“鸣警钟、扬正气”为主题，以案例警示教育为基础，传承优秀的廉政文化，告诉我们只有廉洁自己的思想，随时以党的纪律和要求约束自己，自警、自省、自律才能真正实现“忠诚为民，勤学成才”。正如参观结束时看到的做一个党的好干部的五条标准：信念坚定，为民服务，勤政务实，敢于担当，清正廉洁。若是日后我当上领导干部，定要做到绝不贪污，绝对廉洁！唯有如此，才能不像薄熙来、文强等高官最后只能在铁窗下感叹唏嘘，而贪污的结果只有害家毁身、祸国殃民。

接下来是参观护国战争纪念馆。11日下午，在护国战争纪念馆内了解了护国战争的背景以及在棉花坡战场的战役情况。馆内综合展厅包含了护国首义和棉花坡战役胜利的相关资料图片，还有护国战争胜利后由蔡锷将军题写的“护国岩”几个大字。馆内分为多个展厅，通过蔡锷将军、唐继尧将军以及朱德将军等展厅全方位展示出护国战争的历史，体现革命先烈对自由民主的追求。革命先烈对民主的执着追求，正是我们需要秉承的宝贵精神。此次校外参观活动，时间虽短，却增强了我的爱国情绪，坚定了我的理想追求。

理想信念对我们警校生来说，是至关重要的。12号上午，南开大学何自力教授来校为我们做了以“西方资本主义经济停滞常态化与中国模式的世界意义”为题的精彩讲座，他谈到强化“四个自信”是一个政党长期执政的条件。他从资本主义的萌芽、发展和确立的过程，工业资本主义的盛衰，分析了资本主义经济危机和金融危机的根本原因、本质特征；从我国社会主义市场经济发展优势、西方资本主义经济危机的两种形态等方面，阐述了西方资本主义国家经济停滞常态化的表现、产生原因及其影响，从理论与现实相结合的角度，为我们剖析了资本主义与社会主义的差异及我国社会主义制度的优越性。

下午，四川大学马克思主义学院院长、博士生导师蒋永穆教授为我们带来“《资本论》及其当代价值”的专题讲座。他从为什么学习《资本论》、马克思生平和《资本论》的写作过程、资本论的逻辑结构、研究资本论的方法四个部分，为我们生动诠释了资本论的思想精华和马克思穷困潦倒却又义无反顾追求真理的一生。马克思的一生贫困却伟大，正好印证了我国先贤孟子的“天将降大任于斯人也，必先苦其心志，劳其筋骨，饿其体肤，空乏其身”的至理名言，而我对马克思的认识，则又上升到了一个新高度，他也将成为我理想信念的人生导师，伴我一生。

7 月 13 日，思政活动的最后一天，我的心里竟有些许不舍。一方面自己的思想和信仰虽然有所净化，但是觉得自己学的还不够多；另一方面，与思政部全体老师和四大队全体同学五天的朝夕相处让我觉得不舍这个团体。而今天是我们绽放青春的一天，从上午的“奋斗青春——让梦想启航”学生演讲大赛，到“红色伴我成长，红歌唱响校园”红歌比赛，无不是为我们准备的饕餮盛宴。参加演讲比赛的同学的勇气让我钦佩，这次活动唯一遗憾的就是我没能像他们一样走上讲台绽放自己，以后在其他活动中，要是还有这样的机会，我一定会不遗余力地表现。红歌，是党的伟大历程和丰功伟绩的真实写照，我们网安区队最终以《红旗飘飘》和《精忠报国》两首歌曲，凭借区队团结的力量和响彻全场的爱国之音获得了三等奖的好成绩。

一周思政，一生受益。一周的思政活动虽已结束，但是通过一周的学习生活，我坚定了自己的政治信仰——为实现共产主义而奋斗终身！坚定了作为警校生的理想信念——全心全意为人民服务！增强了实现中华民族伟大复兴的使命感和责任感，明确了未来工作的方向，铸牢了忠诚为民、勤学成才的忠诚警魂。再次感谢组织开展此次思政课暑期集中实践教学活动的领导和老师们，是你们让我从此坚定信仰，在人生的路上勇往直前！

大思政　育警魂

网安 1501 区队　钟继红

为深入推进学院“大思政”育人工程，培养“讲政治、守纪律、懂规矩”和“政治过硬、绝对忠诚”的公安专门人才，2016 年 7 月 9 日至 13 日，学院思政部组织 2015 级学生四大队集中开展暑期思政集中实践教学活动。

正值纪念建党 95 周年和中国工农红军长征胜利 80 周年之际，五天时间里，思政部组织开展理想信念、红色传统、廉政警示、忠诚警魂、青春励志等五大主题的系列实践教育活动，采取理论问题面对面、现场教学、体验教学、访谈教学、激情教学等多种形式推进本期活动。

习近平总书记强调，意识形态工作是党的一项极端重要的工作。周长明老师主讲的“当前我国意识形态安全问题”专题讲座，让我对我们国家意识形态领域形势有了更加深刻的认识。当前我国意识形态领域面临着很大的机遇：国际金融危机打击了西方意识形态的“美誉度”和话语权，西方资本主义遭质疑；而随着中国经济的崛起，中国主流意识形态信心增强。然而在面临机遇的同时，我国意识形态领域也面临着各种的压力：西方敌对势力的文化渗透严重威胁我国意识形态安全并影响我们的价值观；经济全球化与西方议会民主制度在全球的扩展也给中国意识形态安全带来挑战；国内也存在“新自由主义”“虚无主义”等思潮与马克思主义对立；一些党员干部马克思主义理论功底浅，消极腐败现象滋生；承担着思政教育重要任务的某些高校教师，在教学上存在缺乏理论、政治、情感认同等。必须高度重视意识形态工作，为此更需要作为青年学子的我们树立正确的人生观、价值观，科学辩证地看待马克思主义。

生活不只是眼前的苟且，还有诗和远方。刘文芳老师给我们讲解了“有用”与“无用”的关系。当今社会，不少人认为有立竿见影之效的方为“有用”，而向往诗和远方即有正确的价值观是虚无和无用的。但事实上，拥有大胸怀、大情怀、大气魄，人才能有精神支撑，才会变得伟大、坚强。在碎片化的时代，我们的思维、价值观不可被碎片化。一个人的阅读史就是一个人的精神史，德行是真正能陪伴人一生的。杨绛说过："读书是为了遇见更好的自己。"作为当代青年，我们更需要注重培养自己的德行，让自己成为一个有情怀、有气魄的人。

关于警察职业理想与职业精神，学院邀请了三位公安英模做报告并与我们进行互动交流。

陈国淑，毕业于四川警察学院，公安二级英雄模范，1999 年从警，17 年来，她坚持"情系警营，为爱前行"，把职业当事业，视群众如亲人，给予他们亲人般的关怀。她说："百姓的信任和依赖是我工作的动力。"李永权，"十大最美人民警察"，始终践行"人民警察为人民"的宗旨。李警官用他的从警经历教导我们，要熟悉群众，善于化解群众中的矛盾；要务实，多为百姓做实事；做任何事情都要有责任心，同时也要管得住自己，不能因为自身而损害警察的形象。母俊峰，"川南大门内宜高速的守护神""十大最美人民警察"。从母警官的报告中，我明白了在公安事业中，我们一定要有责任、有担当，精益求精，忠诚使命，不辜负人民群众。作为人民警察，要全心全意为人民服务，坚持走群众路线，群众的满意是公安工作的至高追求。在工作中，可能会有人不理解，但我们不能因此不作为，我们要有良好心态，在岗位上坚守如一，守护人民。

我们所熟知的《红岩》，虽然是小说，但主要人物有原型，主要事件有史实。江泽民说过："红岩精神的基本内涵包括崇高思想境界、坚定理想信念、巨大人格力量和浩然革命正气。"红岩精神是树立共产主义理想的坚实可靠的思想根基，学史爱党，知史爱国。主讲人厉华教授强调：革命先辈忠诚自己的政治选择绝不背叛，需要一种信仰的力量，最核心的便是要对党有敬畏之心。红岩烈士们用自己的青春与热血，谱写了悲壮的英雄赞歌，他们忠诚于自己的选择，心存敬畏，执行党的任务最坚决，严于律己，绝不玷污党的荣誉；他们有"天下兴亡，匹夫有责"的历史使命感，在理想与金钱的天秤上，选择坚守理想，只要党组织需要，他们便慷慨就义，从容赴死。通过对红岩历史和精神的学习，我立志从今以后在思想和行动上都要以一个共产党员的标准来严格要求自己，做到"爱国、奋斗、团结、奉献”，做红岩精神的践行者。

作为一名警校生，爱国爱党和廉洁清正是至关重要的。

位于泸州市纳溪区的陶家大院，是全国第一所以“护国战争”命名的纪念馆。7 月 11 日上午，我们参观了护国战争纪念馆，馆里布置了整个护国战争和棉花坡战役时的作战沙盘，蔡锷、朱德生平资料以及枪、水壶、衣服、草鞋等物品，还有护国岩铭刻。当年蔡锷、朱德两位将军亲率护国军与北洋军决战于棉花坡，大败北洋军，取得了护国战争关键性的胜利。驻足馆内，仿佛置身当年之境，看两位将军潇洒指挥，沉着应战……时光流转，斯人已逝，但他们的伟大情怀、丰功伟绩将长存于我们心间，代代相传，永世不忘。

接下来，我们去了泸州市法纪教育中心，现场解说员耐心地给我们讲解了近年来全国查处的典型违纪违法案例，也观看了促人深思的警示教育片，很多人就是因为放纵了自己心中小小的贪念，才走上这条不归路。通过此次警示教育，我深刻感受到腐败的巨大危害性，在触动和震撼之余更加敬畏法纪。作为一名预备警官，更要持之以恒地加强自我教育，增强理想信念、宗旨观念、廉洁自律意识，更好地为人民服务。

南开大学经济学院何自力教授给我们带来了专题讲座——“西方资本主义停滞常态化与中国模式的世界意义”。金德尔伯格的经济霸权理论：资本主义的发展过程是一个经济霸权更替的历史过程，且最终遵循卡德韦尔法则，不可避免地走向衰落。目前的西方资本主义经济停滞已成为常态，而此时的中国已经形成了独具特色的发展模式，即中国特色社会主义发展模式，这是我们的道路自信、理论自信、制度自信和文化自信的基础。我国当下的产业结构明显优于西方国家，经济增长速度也远高于西方国家，西方资本主义不再是经济全球化的主导力量，中国塑造世界的历史时刻到来。作为当代大学生，作为中国未来发展的新生力量，我们要坚持学习中国特色社会主义理论，感受马克思主义理论魅力与生命力，让中国早日登上世界的巅峰。

四川大学蒋永穆教授为我们带来“《资本论》及其当代价值”专题讲座。20 世纪末，英国广播公司在全国范围举行过一次“千年思想家”网上评选活动，结果，马克思位居榜首。马克思是全世界无产阶级的伟大导师和领袖，其著作《资本论》以唯物史观的基本思想为指导，运用辩证唯物主义和历史唯物主义方法，证明社会形态的发展是一个自然历史过程，为探索具体的物质生产和社会生产的运动规律打下扎实基础。恩格斯对其评价是："他的英名和事业将永垂不朽。"恩格斯是马克思的挚友，在马克思逝世后，将其大量手稿整理出版，才有了我们所熟知的《资本论》，恩格斯是马克思进入经济学领域的"引路人"，对恩格斯在马克思一生中的重要地位作任何评价都不过分。邓小平曾说过："我坚信，世界上赞成马克思的人会多起来的，因为马克思主义是科学。"作为当代青年，要科学地认识《资本论》的重大意义，结合时代特点，认真学习其思想理论，为中国发展贡献自己的一份力量。

实训即将进入尾声，思政课老师组织了以"奋斗青春——让梦想起航"为主题的学生演讲大赛，演讲选手们精心准备，代表各自区队荣誉出战。青春，正值奋斗时。演讲者们绘声绘色的演讲，观点清晰，思维活跃。此次演讲，让我感受到了警院学子蓬勃向上的青春活力、对警察职业的神圣向往，以及为自己的理想而奋斗的坚定信念。奋斗抒写无悔青春，我们要坚定目标，"路漫漫其修远兮，吾将上下而求索"，我们在路上，奋斗无止境！

实训的最后，为讴歌伟大的长征精神，思政部组织开展以"纪念建党95周年暨红军长征胜利80周年"为主题的歌咏比赛，唱响爱党爱国主旋律，激发爱党爱国热情，坚定理想信念，增强了同学们实现中华民族伟大复兴的使命感和责任感，进一步铸牢忠诚为民的时代新警精神。唱红歌，唤起红色记忆，从内心深处感受社会主义好、共产党好，更加坚定了我们跟党走、为共产主义奋斗的理想信念。

通过此次思政实训，我们明确了正确的世界观、人生观、价值观，用中国特色社会主义理论体系武装头脑，坚定理想信念，坚持勤学、修德、明辨、笃实，做一名"讲政治、守纪律、懂规矩"和"政治过硬、绝对忠诚"的优秀预备警官。

不断学习，升华意识

交管1501区队　钟轩荟

在这学期期末之后，学院组织开展了为期一周的人民警察理想信念与职业精神集中实践活动。虽然我们每天都要冒着炙热的太阳在指定地点准时集合，进行集中培训学习，但是每一天我都收获了很多。特别在最后一天我们进行了演讲比赛和区队集体的红歌比赛，从中体现了我们每一个区队的团队精神。

第一天上午由周长明老师为我们讲述“当前我国意识形态安全问题”。首先，当前我国意识形态安全领域面临机遇，它体现在西方经济危机使“资本主义”受到质疑；中国国力增强，使得我国意识形态自信增强；在世界意识形态竞争中，有太多的可以利用的矛盾。其次，当前我国意识形态领域受到严重的挑战，特别是经济全球化及西方议会民主制度在全球化的扩展给中国意识形态带来了严重的挑战。面对这样的挑战，我们更应加强马克思主义理论的学习，特别是作为巩固国家政权的重要力量的警院学子，更需要不断地坚持学习马克思主义理论，坚定道路自信、理论自信、制度自信、文化自信。

刘文芳老师给我们讲解的“如何看待理想与现实”对我影响很大，生活不止眼前的苟且，还有诗与远方的田野。“苟且”通常情况下代表了我们的现实生活，而“诗与远方”则是我们的理想生活。每个人都憧憬着美好的生活，希望和追求理想生活，但是哪里才是远方，每个人的看法都不一样，远方是你为了理想而奋斗的前方。我们必须知道的是远方或许不一定是理想的生活，或许它也充满了苟且，有些人认为读书是无用的，有许多无用之书。学者易中天说：“读书分两种情况，一种是谋生的，一种是谋心的。谋生的书你去看它，可以获得利益，是有用的；谋心的书是无用的，但可养心，养生之道首在养心。”诚哉斯言！由此看出，有用与无用之书只因看的目的不同而相异，无用之书亦可以丰富你的“诗与远方”的理想。

作为四川警察学院的一名学生，我们应该思考警察职业的理想和职业精神是什么。在我们没有头绪的时候，学院组织了实践教学活动，四川省首届最美人民警察母俊峰、李永权以及全国爱民模范陈国淑为我们讲述了他们的职业生涯以及他们对此的感悟。从他们的经验分享中，我们感受到基层民警对未来美好的憧憬，希望通过自己的努力，践行全心全意为人民服务的宗旨。随着社会开放发展，思想价值多元给基层民警带来很大冲击，需要坚定职业理想，进一步牢固树立“立警为公、执法为民”思想。

四川大学蒋永穆教授以“《资本论》及其当代价值”为题给我们讲述了马克思《资本论》及其思想的当代价值。马克思在极其困难的条件下，创造了一本反映人类社会历史发展规律的宏篇巨著《资本论》。以唯物史观的基本思想为指导，通过深刻分析资本主义生产方式，揭示了资本主义社会发展的规律，同时也使唯物史观得到了科学的验证和进一步的丰富和发展。但是在苏东剧变、世界共产主义遭遇严重挫折后，马克思主义一度受到了质疑，而中国特色社会主义在21世纪的蓬勃发展展现了其生命力与魅力。《资本论》被誉为马克思一生最伟大的理论著作，是马克思主义理论宝库中光辉灿烂的科学巨著。它必将在未来全面呈现其理论光辉和真理力量

这次思政集中实践活动中，除了有不同专家学者给我们作专题讲座外，还开展了“奋斗青春——让梦想起航”演讲比赛以及红歌大赛，每个区队的同学都为了自己区队的集体荣誉而全力拼搏、摇旗呐喊，这让我们深深懂得了团结的力量，让我们获得满满收获。

向着有光的地方出发

交管 1502 区队　林　敏

暑期学院组织开展了为期一周的人民警察理想信念与职业精神集中实践活动，给予我更多的是去思考走在学习的路上、走在生活的路上、走在未来从警的路上，我应该保持怎样的态度，我应该坚定怎样的信念，我应该传承怎样的精神。

陈国淑，我们的师姐，全国公安系统二级英模。她从警十七年来，时刻把群众装在心里，急群众之所急，想群众之所想，她的执着努力感动着身边的每一个人。巾帼不让须眉，她在与犯罪分子周旋时，眼神里没有一丝惶恐，早已将生死置之度外。因为她知道，只有这样，才能保护人民群众不受伤害。

她身材并不高大，但从这小小的身体里迸发出来的力量却是巨大无比。她始终挂念着身处困境的群众，一心只想着让他们尽快脱离困境。在她眼中人民群众的事就是她的头等大事。我敬佩她的坚定不移，也羡慕她与群众之间那一份纯粹的感情。

李永权，他从警八年来，始终把践行党的宗旨作为人生信条，把服务群众作为工作追求，他的行动是新时期警民和谐关系的最好诠释。他与群众始终有一条无法切断的纽带，彼此谁都离不开谁。他与家人好像总隔着一面难以翻越的墙，这一堵墙使得他与家人常常聚少离多。

他笑过，哭过，爱过也恨过，他的铁骨柔情是无法用只言片语来诠释的。就像他的自我评价，他只是“爱本行”，他只是深爱着他的工作。他忙碌起来忽略了对家人的关爱，始终成为他心里无法愈合的伤痛。“放心吧，儿子，爸爸明天为你手机充 50 元。”这是李永权一生无法履行的承诺。铁打的汉子血肉之躯，比刀扎在胸口还要疼痛百倍的悔恨。我心疼他，同时也尊敬他。走在从警的路上，有太多的不得已。从你最初决定从警的那一刻起，或许早已注定这一生要亏欠很多人，给不了他们的爱只能来生再还。

母俊峰，他始终认为只有将群众利益放在心上，才能时时急民之所急，解民之所忧。在他的眼里，当车子一辆辆平安地驶向目的地，车上的人脸上都洋溢着幸福的笑容，那么这一天都会是美好的。无论刮风下雨，无论烈日寒冬，他始终坚守在自己的岗位上指挥着交通、处理着交通事故。再累也要咬牙坚持着，再饿也会挺起胸膛忍着，有时路过的车主会送来暖心的饭菜，不吃都会觉得很香甜，心里也会暖很久。

他们每一个人都是普普通通的人民警察，如一粒沙、一滴水、一阵风般存在着。不起眼的存在却让他们所守护的人民感到无比安心。还有很多像他们一样的人民警察，默默地坚守在岗位上，将一生的爱都献给了他们的职业，这份职业是光荣而神圣的，他们可以为了它付出自己的青春、时间甚至是生命。他们用崇高的精神、优秀的品质深深感染着我们，让我们在从警的这条路上走得更加坚定、更加义无反顾。

我们参观了泸州市法纪教育中心。一幅幅廉政知识长卷震撼着我们的心灵。紧张严肃氛围下的一次思想洗礼在悄无声息地净化着我们。走在漫漫人生路上，各式各样的诱惑时刻刺激着我们的神经。金钱与权力，散发着诱人的“香味”，让人不由自主心驰神迷，控制不住内心早已滋长的欲望，于是败下阵来，任由其摆弄。

人，是有思想的动物，但思想防线却很容易被攻破。一旦思想松懈，当初种种壮志豪言、所谓“淡泊名利”瞬间都会灰飞烟灭。信仰的缺失、道德的沦陷，终会导致祸国殃民、害家毁身。我们是人民忠诚的卫士，我们是人民永远的依靠，绝不能贪图钱财，损害人民利益。走在从警路上，要时刻警醒自己，常怀感恩之心，常看美好之物，常读积极之书。不忘初心，方能继续前行。

重庆市红岩历史博物馆原馆长厉华研究员的“红岩魂——信仰的力量”学术报告高亢而激昂，振奋人心的同时也引人深思。何功伟为天地存正气，一生执着于真理，纵然赴汤蹈火，矢志不渝；黎琳孤身一人奋勇抗敌，危险时镇定自若，利诱面前绝不屈服；杨虎城以身殉职无所顾及，抛开小家顾全大局，厚德载物自强不息。从对生的渴望到坦然面对死亡，革命烈士以生命捍卫信仰。

我们重温这段红色历史时，感受到革命烈士们对党的忠诚、对祖国的热爱。走在学史爱党的路上，我们要以史为鉴，传承红色基因，提升政治素养，坚定理想信念。

思政部刘文芳教授以“崇高的理想信念，点亮出彩人生”为主题的学术讲座深深地感染了我。人这一生，若没有理想，就好比脱了线的风筝，虽很自由，却很迷茫。它永远不知道自己究竟要飞去哪里，漫无目的地飘荡在空中。我们的衣食住行要有经济支撑，于是有的人，只是为了生存而活着，架着没有灵魂的空壳活在这世上，被生活压迫得没有丝毫生气与活力。

我们是有思想的芦苇，我们的生活可以很诗意，并不只有沉溺在虚拟的网络世界中无法自拔，并不只有消沉在琐碎的工作中无所适从，多少人不愿抬头去看看外面的世界，不愿闲下心来读一本好书、听一首好曲、看一部好剧。我们被生活消磨得愈发枯燥无味，好比一潭死水，没有半点波澜。

人，从降临到这世上那一刻起，就已经开启了自己的人生，即使刚开始还只是一张白纸。随着年龄的增长，我们慢慢地在纸上勾勒轮廓，圆形的、方形的、椭圆形的等。我们不清不楚、不明不白地开始了勾画，却仍能隐隐约约地看到大体的样子。我们，总是要等到某一时刻，才能确切地明白心之所向。走在追寻“诗和远方”的人生道路上，需细细品尝生活中的酸甜苦辣，而不是走得越来越快，快到路上的一草一木都来不及欣赏。

这一课，像是一盏茶，没有糖果般的甜蜜，却浓郁清香愈发有味道，耐人寻味引人深思。走在纷繁复杂的人生路上，记得最初是向着有光的地方出发前进。

锤炼党性，铸就警魂

交管 1502 区队　胡校通

学期结束后，在参加完为期一周的人民警察理想信念与职业精神集中实践活动后，我对留校学习由开始的不满变成对学院良苦用心的理解和支持，觉得当代的大学生正是缺少一种思想来支撑我们的精神。世界上不少国家都有自己的信仰，比如上帝耶稣、真主安拉等，但那更多的是宗教信仰。而我们信仰的是马克思主义，是科学的信仰。邓小平同志曾经说过，马克思主义是一门科学！的确，从中共建党 95 年的历史来看，我党无不是靠着这种精神在不断前进，这种认识是我从未有过的。

在第一天开训仪式后的专家讲座"世界社会主义 500 年"就已经让我感受到马克思主义的不平凡。之后区队之间的红歌比赛中，我们区队选取了《红旗飘飘》和《社会主义好》两首曲目。在每天休息时间进行反复演练之余，我感受到了祖国的伟大以及我们坚持社会主义的必要性。在当代中国，只有社会主义才是符合我们基本国情的正确道路，才能让我们屹立于世界民族之林，让我们中华民族的传统文化得以在世界弘扬，提高自身国际影响力。在整个 20 世纪，一大批中国有识之士为了让国家走向繁荣富强而不懈奋斗。历史证明，只有社会主义道路才能救中国、发展中国。我们作为一名警察院校的当代青年学生，更应当坚定地跟党走，坚决捍卫共产党的执政地位，做中国特色社会主义事业的合格建设者和忠诚捍卫者。

一、听红岩故事，激浩然正气

接下来，我们迎来了重庆红岩历史博物馆原馆长厉华先生，他向我们生动形象地介绍了在歌乐山渣滓洞和白公馆里面关押的革命烈士的事迹，让我们再一次领悟到了坚定信仰的重要性。信仰不是与生俱来的，它是经过后天的环境以及各种磨砺考验，形成的自己坚守乃至于用生命来捍卫的一种神圣而不可磨灭的精神追求。厉华先生的讲述让我详尽了解了无数革命先烈坚守政治信仰，甚至为此付出自己生命的历史史实。虽经历非人折磨，但他们却从未向国民党反动派投降，没有泄露任何党的机密。他们的所作所为都是为了追求心中的信仰，追求革命的胜利，为了建立一个全新的中国。

江姐、左绍英、“双枪老太婆”、邓惠中等许多革命者都被关押于此，受尽折磨。老虎凳、辣椒水、马鞭、烙铁、锤子等一切可以折磨摧毁人的意志的酷刑在这里司空见惯，让人不得不痛恨国民党反动派的凶残！这里的头头徐远举是蒋介石任命的西南保密局的局长，在这里他想尽一切办法来撬开被关押者的嘴巴，其中叛徒刘国定、冉益智、李文祥等的变节和背叛让多少革命同志牺牲生命。在众多被关押者中江姐和小萝卜头肯定是大家最为熟悉的人物，江姐的丈夫也是为了国家的革命事业在川东地区被逮捕，直接被处以死刑。小萝卜头则是杨虎城将军秘书的儿子，这个聪明伶俐的小孩子从小就在白公馆长大，未曾见到外面的世界，最后被反动派残忍地杀害。哎!多么可悲可痛，大批的革命者就这样被杀害在了监狱之中，他们都还未等到最后的胜利，却在敌人疯狂的屠杀中英勇牺牲，只有少数的同志逃出了这场杀戮!

在厉华先生的演讲之中，我印象最为深刻的是黎琳，其父亲是川军的高官，而她十分讨厌这种奢靡的上层生活方式，要求与家里人断绝关系，去寻找属于自己的理想。她在十多岁的时候便来到了中国的革命圣地——延安，如饥似渴地寻求真理。在延安她认识了她的丈夫——李青，新婚不到一周，黎琳就被派到重庆去执行任务，连自己的丈夫都不能告诉，而她不知道的是这一别竟然成为了他俩的永别。黎琳到了重庆被要求改名为张露萍，直插入敌人的心脏——军统情报处，为党收集提供重要的情报。她不畏艰辛和危险多次完成了重大任务，最后不幸被军统发现，从重庆渣滓洞辗转关押到贵州息烽集中营，被不幸杀害！她被杀害后在长达四十多年中都被定性为叛徒，直到20世纪80年代才被恢复为革命烈士。她在青春花季24岁时就不幸被敌人杀害，多么让人痛惜。而我们中国的革命胜利何尝不是这一大批勇于牺牲奉献的革命志士用鲜血和生命换来的，今天的我们定当好好珍惜来之不易的革命成果！面对他们用鲜血与生命换来的幸福的生活，我们还有什么不知足的呢？当今浮躁的社会，各种思潮泛起，主流价值观受到冲击，要加强马克思主义学习，坚定马克思主义信仰，使之成为一座灯塔，指引着我们新一代年轻人前进的道路，将国家建设得更加富强，让先烈的鲜血不白流！

二、游革命旧地，寻革命精神

在接下来的时间里，我们参观了位于泸州市纳溪区的护国战争纪念馆和泸州市江阳区的党员干部法纪教育中心，这可是两种不同的教育方式。虽然思政集中实践活动已经结束，但是参观的场景却不时呈现在我的眼前。上午我们参观了护国战争纪念馆。1916 年蔡锷将军领导的护国军，由云南分两路发兵讨袁。而蔡锷将军则亲率一路军入川，这其中有我们所熟悉的后来的开国十大元帅——朱德。护国军与反动军阀在这里发生了一场决定性战役——棉花坡战役。护国军将士们的勇猛和蔡锷将军、朱德将军的英明指挥，使得以这场战役取得了以少胜多的胜利。在护国战争纪念馆的参观，让我懂得铭记历史，珍惜当下，不负光阴，努力成为一名光荣的人民警察，肩负起神圣职责使命！

下午，我们又参观了江阳区的法纪教育中心。在展厅沉重压抑的氛围之中，我们参观了近些年来查处的贪腐案例，其中既有像薄熙来、文强等大案要案，也有我们自己学校刑事技术系原主任贪腐案例。这一个个触目惊心的案例都为我们敲响了警钟，让我们在校学习期间就深深懂得做人做事做官一定要清正廉洁，要真正树立全心全意为人民服务意识，坚持党的优良传统和作风，不拿群众一针一线，要与民同乐，事事都要把群众的利益放在第一位，更不能因为自己的职务身份搞特殊。在法律面前，人人平等，没有谁比谁更加特殊，只要违法犯法就要受到法律严惩。十八大心来，中央高压反腐，老虎苍蝇一起打，让人们感受到了铁腕治腐的决心与力量。所以，我们很珍惜在这里受到的教育，并会将这种领悟运用到今后的学习工作中去！

三、遵马列哲学，循党的脚步

在接下来的一天中，我们有幸见识了南开大学经济学院著名教授何自力，以前就在课堂上听说过何自力教授的大名，经过上午两个多小时的讲座和交流，我们深深感受到他的大家风范，一口流利的普通话，我被深深地折服了。在他的讲授之中，我深刻地认识到资本主义经济危机是资本主义社会的通病，随时都可能发生，特别是1929—1932年的全球经济危机，引发了第二次世界大战。今天，世界资本主义仍然陷入困境，英国脱欧陷入危机，致其世界银行的信用等级直接降低到2A，是下滑速度最快的；而欧盟其实自己本身也不好过，面临着希腊的债务危机从 2009 年到现在的2016年，经历了7年时间，但依然没有摆脱困境，而且更是自身难保。他们的懒惰与我们的勤劳形成鲜明的对比，他们的制度与我们的制度形成鲜明的对比。我们应该坚持党的领导，在党的旗帜下更好地发挥出我们制度的优越性，在2050年争取成为中等发达国家，我坚信在这种经济稳步发展转型的情况下，我们一定可以达到自己预定的目标！

我们青年学生所应该做的就是学好理论和各种技能，用正确思想来武装我们的头脑，让我们能够在复杂多变的环境下，更好地前行。尽管我们是警校学生，但是我们不能放弃学习理论，这是与我们生活息息相关的事情，我们更应该学好做好，从而更好地肩负起党和国家交给我们的任务，让我们的国家更加富强！

下午，学院邀请了四川大学马克思主义学院院长蒋永穆教授，他为我们讲述了《资本论》的问世及马克思主义发展历史及前景。从2008年的金融危机到现在世界经济特别是西方资本主义经济都没有恢复过来，暴露出西方资本主义经济停滞常态化。中国特色社会主义的道路选择使得我们在马克思主义的指导下迅速发展成为全球第二大经济体。蒋永穆教授通过诸多历史与现实分析告诉我们，《资本论》在今天仍充满真理力量，具有无以比拟的当代价值。《资本论》值得我们拜读！所以，我们要好好学习，在大学的学习和训练之中不能松懈自己！我们要学习党的理论，紧跟党的步伐，以马列主义毛泽东思想、邓小平理论、“三个代表”重要思想、科学发展观和习近平新时代中国特色社会主义思想为指导，拥护以习近平总书记为核心的党中央，加强学习，为将祖国建设得更加强大，奉献自己的一份力量！

四、做最美警察，拥英雄情怀

在学习过程中我们见到了荣获“四川省首届十大最美人民警察”荣誉

称号的两名公安英模，其中一位还是我的家乡南充战训基地的教官。虽经历了丧子之痛，但是他却并没有退缩，而是继续向前！这种精神值得我们学习。还有一位是我们学院99级毕业的师姐，毕业后从警十多年，获得了国家二级英模称号，这是多少警察的向往。而她却是从做好每件小事开始，正是因为工作中无数平凡小事所累积的不平凡，让她荣获了全国爱民模范称号。在专题报告后与英模的互动交流中，我们更懂得了警察的艰辛与不易，最美警察也给我们这些师弟师妹们殷切的期盼，希望我们不怕苦、不怕累，将警察的光荣事业传承下去，当好一名人民警察，实现公安工作的宗旨，全心全意为人民服务！

在为期一周的思政集中实训之中，我们学习了解到了各种知识，对党也有了一个全新的认识，对党更多了一份热爱和崇敬之意，这让我能够不断前行，不断提升自我修养与素质，是一份难得的收获！在这个充满喧嚣浮躁诱惑的社会，我们更应该留住心中的那一块圣地，属于自我的最后一块圣地！在今后三年的大学生活之中，我们更应该懂得这次集中学习的意义——使我们能够明白自身的角色、发挥自身的优势，使每个人都能够为社会主义建设发挥自身的作用。我相信经过我们的努力奋斗，到本世纪中叶时，全面建成社会主义现代化强国的目标一定会实现。

洗礼思想　共铸警魂

公安管理1501区队　刘睿楠

一、开训仪式

2016年7月9日上午，2015级学生“人民警察理想信念与职业精神”集中实践教学举行开训仪式。此次教育活动是学院思政教育教学创新与改革的重要形式，是为使警院学子们能更好适应未来警察职业发展要求，加快推进我院思政课教学改革，构建与思政课理论教学体系相适应的校外实践体系，从而切实增强思政课教学的实践性、针对性、时效性。

开训仪式上，老师教导我们，警察最基本的要求就是：“讲政治、守规矩、懂法律。”在此次集中实践教学活动中，我们积极参与，培养了职业认同感，提升了思想政治素质，增强了政治责任和担当能力。

二、受益一生的五天集中实践活动

（一）清醒认识当前我国意识形态安全问题

当前，西方敌对势力的文化渗透严重威胁我国意识形态安全，严重影响我们的价值观。他们利用现代传媒手段如互联网进行长期的思想渗透，以文化商品为载体，以教育和学术交流为掩饰，向高层学者、知识分子、社会大众等进行价值观渗透。中纪委曾这样评价文化渗透：“穿上学术的隐身衣，制造烟幕；利用互联网炮制跨国界的歪理；每逢敏感时期，进行不法的勾连活动；接受境外势力点对点的渗透。”

西方国家试图通过继续巩固和扩大在世界经济中获得的支配地位，并逐步将这种“经济强势地位”上升为“政治强势地位”，促使作为其意识形态核心的价值观在更广泛的地区得到认可，进而构成“新霸权主义”的意识形态基础。另外，西方思想精英总是通过鼓吹多党制、追求指导思想多元化、攻击和诋毁马克思主义，鼓吹人类意识形态将终结于西方自由主义。

与此同时必须看到，当前少数党员干部的马克思主义理论功底浅，应对意识形态挑战的能力不足，党内的消极腐败现象严重消解了人民群众对社会主义意识形态的认同。此外，社会阶层分化产生了多元的阶层意识，加大了意识形态工作的难度，社会转型和市场经济发展给人们带来价值观标准的困惑，导致人们价值观念的模糊、行为选择的无所适从，这些都在一定程度上催生了理想信念模糊、价值取向扭曲、诚信守信淡薄、恶意竞争加剧、社会责任缺失等突出问题。

面对严峻形势，我们必须牢牢把握意识形态主动权。抓好意识形态工作这一战略工程、固本工程、铸魂工程，尤其是要增强中国特色社会主义道路、理论、制度、文化自信，坚守政治底线、法律底线和道德底线，做一个政治上的明白人。

（二）警察职业理想与职业精神

蓬溪美女刑警——陈国淑

陈国淑是四川省蓬溪县公安局刑侦大队副大队长，是四川省第二届“十佳刑警”。从警十五年来，陈国淑始终坚守在一线，把职业当事业，肩挑工作重担，心里始终装着群众，在平凡的岗位上取得了不平凡的业绩。陈国淑既有男警的刚毅、果敢，更有女性的慈爱和温暖。陈国淑担任打击拐卖妇女儿童犯罪专项行动联络员已有十多年了，她深深地知道那些留守儿童的生活状况，她对针对未成年人的违法犯罪行为十分关注，对把罪恶黑手伸向未成年人的罪犯分子深恶痛绝。2010 年 3 月，为保护儿童的合法权益，在陈国淑的积极倡导下，蓬溪县公安局在金桥乡明德小学建立了第一家“留守儿童辅导站”。目前，全县已有 50 多所学校建立了“留守儿童辅导站”。十多年来，陈国淑讲法制课达 260 余堂，帮助 20 余名辍学少年重返课堂，引导 50 多名“问题少年”走上正道，在孩子们的眼中她就是名副其实的“警察妈妈”。

一滴水，可以折射太阳的光芒。沉沉黑夜中有她警惕锐利的双眼，血与火的搏杀中有她英勇无畏的身影，群众的安全无虞后有她默默的付出，滚滚洪流中警徽在头顶更加闪亮！父母的挂念、家人的企盼，无法让她放弃对公安事业的执着，她在最平凡的岗位上选择坚守——无怨无悔、无私付出，让青春在警营华丽绽放！

“莫道铁骨无柔肠”——李永权

面对罪犯他疾恶如仇，他是犯罪分子的克星；面对群众他舍身忘我，他是群众心中的依靠；面对家人他铁骨柔肠，家人成为他心里永远的痛。他两次荣立个人三等功，获优秀公务员、四川省南充市嘉陵区见义勇为先进个人和首届“嘉陵好人”等多项表彰，其事迹多次被各大媒体竞相报道，成为人民群众公认的“最美警察”。他就是李永权。他赤胆忠诚、敢打必胜、亮剑惩凶，不抓回嫌犯誓不罢休；他爱警习武、精武尚技，执教授艺、严格施训，训练出一群特警尖兵；他舍身忘我，视人民为父母，是辖区群众公认的“好警察”；他忠诚敬业，舍小家顾大家，忠孝亲情“三难全”，无私奉献在基层。2011 年 5 月 15 日凌晨 6 时，嘉陵区城南综合市场发生命案。接到“110”指令后，李永权带领专案组连续工作 72 小时，查天网、看监控、析现场、找痕迹，围绕死者社会关系走访 150 人次，最终锁定死者的前男友罗某为重点嫌疑人，并连夜带队赶到泸州将嫌疑人罗某控制。在担任刑警 4 年间，他凭着这份执著与担当，先后破获刑事案件 100 余件，抓捕犯罪嫌疑人 129 人，抓获网上逃犯 27 人，以果敢行动和无私奉献实践了他的警察誓言。

川南大门高速路段的“守护神”——母俊峰

母俊峰是四川省公安厅交警总队高速支队内宜二大队一名普通的基层民警，2010 年从四川司法警官学院毕业后考入高速交警大队。从警五年，在领导眼里，他是一个优秀的兵；在同事眼里，他是“爱啃硬骨头”且重情重义的战友；在周边群众和过往驾驶员眼里，他是一个视群众为亲人的“贴心交警”；在犯罪嫌疑人眼里，他又是一个嫉恶如仇的“电子眼”。几年来，他因工作表现突出，多次荣获上级表彰，在 2015 年初还当选全省“我最喜爱的交通民警”。

对违法犯罪人员而言，他是一台灵敏的“电子眼”。几年来，他练就了一双火眼金睛，任何严重交通违法和违规犯罪人员总逃不过他那犀利的眼睛，令违法者望而生畏。渝昆高速宜宾段毗邻云贵高原，辖区高速具有坡长、急弯多和雨雾天气多的特点，交通管理难度大。如何预防和减少交通事故，成为了辖区管理者工作的重中之重。母警官认真总结分析了历年来交通事故成因，深知“违法是事故之源”。他严把站口第一道关，严查各类严重交通违法，也因此练就了一套高效准确的查纠本领。凡是有他在的站口，各类交通违法无一“漏网”，及时排除了站口的安全隐患。几年来，他还多次协助地方公安缉查毒品和打击走私犯罪等，赢得了地方同行的称赞。

对于交通事故肇事逃逸的受害人，他就是维护这些受害人合法权益的“正义使者”；对于大队辖区的路面和过往车辆，他就是一名尽职尽责的“安检员”，辖区哪里易起雾、哪里易结冰、哪里易积水、哪里边坡易塌方等，全都装在他脑子里，是队里出了名的“小灵通”。“我们多一份留心，过往的驾驶员就少一份安全隐患”，这就是他被称为“小灵通”的法宝。几年来，他及时发现并消除了数十起路面安全隐患，用他的细心、忠诚和责任意识换来了辖区高速的安全畅通。

爱钻业务、爱挑“重担”、重情重义是单位领导和同事对母警官的共同评价。非“科班”出身的他，刚进高速交警大队时对交管业务并不熟悉，但爱钻、爱学。进入高速大队后，他自行购买并自学了大量业务书籍，遇到不懂或业务上的难点、疑点，都会翻阅大量资料，有一股学不透不罢休的劲儿。他经常会向老民警请教一些工作业务问题，请教工作方式方法。短短几年，他就成为了大队的业务骨干。在整个大队工作任务安排上，他也勇挑“重担”，有一种“头顶国徽、舍我其谁”的气魄。

（三）红岩魂——信仰的力量

重庆红岩革命历史博物馆馆长厉华来到我校，为我们2015届公安专业的同学们带来了一场“红岩精神”的精彩讲座。

首先，他提到要忠诚于自己的政治选择。这让我想到了我选择警察这个职业，要修身律己，做到党性与人性的统一。革命志士何功伟始终坚信党的事业，在狱中，他严守党的秘密，同敌人进行了坚决的斗争，既经受了严刑拷打的考验，又挫败了敌人的“劝降”伎俩和“感化”阴谋，严辞拒绝了敌人高官厚禄、出国留学等所谓“自首”条件。他还赋诗填词，谱写了《狱中歌声》：“我热血似潮水的奔腾，心志似铁石的坚贞。我只要一息尚存，誓为保卫真理而抗争……”用歌声作为鼓舞战友同敌人斗争的武器。面对敌人先后十余次利用其亲属到狱中劝降，何功伟在给父亲的信中写道：“儿献身真理，早具决心，苟义之所在，纵刀锯斧钺加诸颈项，父母兄弟环泣于身前。此心亦万不可动，此志亦万不可移。”“当局正促儿‘转变’，或无意必欲置之于死，然揆诸宁死不屈之义，儿除慷慨就死外，绝无他途可循，为天地存正气，为个人全人格，成仁取义，此正其时。”他在给妻子的诀别书中写道：“告诉我所有的朋友们，加倍的努力吧！把革命红旗举得更高。好好地教养我们的后代，好继续完成我们未竟的事业。”这些都表现了一个共产党人的坚定信念和为理想、为党的事业献身的浩然正气。

要心存敬畏，执行纪律。在个人修养上，每一名警察都要增强政治和组织纪律观念，自觉做到遵守党的纪律不动摇，执行党的纪律不走样，时刻用党的纪律严格要求和约束自己。“军统电台案”发生后，军统方面万分震惊，他们万万没想到共产党已经打入到军统里面来了，他们怀疑张露萍是南方局派来的，便故意释放张露萍，并派敌人暗中跟踪。但机智的张露萍识破了敌人的阴谋，从曾家岩 50 号前通过时，从容不迫，碰到自己的同志就假装不认识，迷惑敌人。戴笠更为恼怒，他亲自出马，提审张露萍，想从她身上打开缺口。尽管戴笠用尽各种酷刑，张露萍始终只说自己叫余慧琳，地主军阀余安民是她的亲戚，也没有向特务吐露半点党的机密。戴笠一无所得。“军统电台案”也使蒋介石受到极大的惊吓。他大骂戴笠无能，并责问戴笠：“你说军统渗入共产党如何厉害，实际上共产党插入我们的心脏，你都不知道呀！”戴笠吓得心惊胆战，一时不知如何回答是好。戴笠认为，一个 19 岁的女孩子能有多大能耐，却不想经过多次严刑拷打，张露萍始终没有招供。最后，戴笠只得以“和重庆地下党有联络”为由，判张露萍等 7 人死刑。

要严于律己，绝不玷污党的荣誉。必须深刻认识到公安工作的特殊性和敏感性，尤其是断章取义甚至颠倒是非的网络舆论可能带来的破坏性，坚持做到讲政治、讲大局、讲原则和讲正派。1949 年 11 月 27 日大屠杀时，在走向刑场的路上，刘国志从容不迫，高声吟诵了自己的就义诗“同志们，听吧，像春雷爆炸的，是人民解放军的炮声。人民解放了，人民胜利了！我们没有玷污党的荣誉，我们死而无愧！”“我们没有玷污党的荣誉，我们死而无愧”，这是一个年轻的共产党员在生命最后一刻，向人民、向组织、向祖国发出的最后呐喊。

其次，他提到天下兴亡匹夫有责。在半封建半殖民地的旧中国，千古功臣杨虎城将军同其他许多人一样，走过了曲折、复杂的道路；但他也有不少超过前辈和同时代许多人的地方。他特别伟大处，是1936年12月12日，与张学良将军一起发动了震惊中外的“西安事变”，是“西安事变”的领导者之一，“西安事变”后，他被迫辞职出国。回国后，过囚禁生活达十二年之久。1949年9月6日，被蒋介石下令杀害于重庆中美合作所之戴公祠，享年五十六岁。

要把气节建立在高度的理性基础之上。红岩烈士王朴，身为富家子弟，毅然投身革命，22岁开始为党工作，在重庆解放前夕，将28岁的生命献给了党和人民的事业。王朴烈士的母亲金永华，1946年创办了志达中学（现在的渝北中学），1947年，为支持革命斗争，她毅然变卖所有田产，兑换成黄金2000两，资助川东地下党的工作，为迎接重庆解放发挥了重要作用。解放后，中共西南局要按照协议将金永华捐赠的革命经费如数归还，但金永华拒绝了巨额支票，并表示：“如果我要这笔钱，就是辱没了王朴的名声。”后来，这笔钱用在了妇女儿童事业上，金永华没有要一分钱。

最后，他提到“血与泪的嘱托”。被涂孝文出卖的中共万县县委副书记李青林是位女共产党员，敌人在万县将其抓捕后用尽酷刑，甚至用老虎凳折断了她的一条腿，李青林依然宁死不屈。到重庆后，她仍然抗拒任何审讯，甚至连共产党员的身份也不承认。特务们无奈，只好把涂孝文叫去与李青林对质。见到李青林——这个被自己出卖的昔日下级，拖着一条断腿，满身血污却正气凛然，涂孝文羞愧难当，恨不得找个地缝钻进去。1949年10月28日，王朴等一大批革命者被押至大坪刑场遭到枪杀。

（四）为官以廉为先，为政以勤为基，为民以实为本

下午在法纪教育中心，我们见到了形形色色因把持不住自己贪欲而走向堕落的贪官的案例。在这里，有的人因金钱而腐蚀了内心，也有的人因利益而陷入深渊。展厅里，一个个贪腐案例触目惊心。福建省原省委常委、省委秘书长陈少勇官商勾结，疯狂敛财，先后多次索取和收受有关人员财

物共计折合人民币 819 万余元，最后法院判决陈少勇犯受贿罪，判处无期徒刑，剥夺政治权利终身，并处没收个人全部财产。杭州市原副市长许迈永，贪污钱财两个多亿以及许多房产，最后法院判决许迈永犯受贿罪、贪污罪、滥用职权案罪，数罪并罚，判处死刑，并处没收个人全部财产。

历史长河滚滚流淌，孕育了中华民族独具历史内涵的清廉文化。史有包拯掷砚，弃之于河，河水为之清；海瑞拒贿，布袍脱粟，世人为之敬。今有为民书记焦裕禄，克勤克俭，百姓拥戴，为官一任，造福一方；公仆典范牛玉儒，赤诚为民，清风两袖，鞠躬尽瘁，感动神州……先贤楷模，繁星熠熠，闪烁星空，彪炳史册。

廉政思想在古代就有，周公明确提出“明德”“敬德”思想，并将统治者的德上升到关系国家政权安危的地位。“天地间，人为贵”，是曹操诗歌《度关山》的第一句。曹操认为，人是天地间最宝贵的，统治者应“咸爱其民”，曹操不但自己廉洁简朴，而且善用廉吏，他任用的毛玠等官吏就是“清贞守道”“以俭率人”的典范。

总书记习近平在全国组织工作会议上指出，我们党历来高度重视选贤任能，始终把选人用人作为关系党和人民事业的关键性、根本性问题来抓。好干部要做到信念坚定、为民服务、勤政务实、敢于担当、清正廉洁。这应当成为我们从警的诤诤誓言。作为未来的人民公仆，我们要严守纪律，坚定自己的内心，决不做违法乱纪的事。

（五）护国誓师，歃血为盟——护国战争纪念馆里追忆历史

在学院老师的带领下，我们参观了护国战争纪念馆。这里是当年棉花坡战役时朱德的作战指挥部，在护国战争纪念馆我们见证了朱德将军的革命风采，感受到了那段岁月的峥嵘与辉煌。

（六）推动中国发展的动力——马克思主义

我们还聆听了南开大学经济学院何自力教授的以“西方资本主义经济停滞常态化与中国模式的世界意义”为题的学术报告，并进行了互动交流。西方资本主义的繁荣和危机交替出现的物质基础丧失了，各种矛盾空前尖锐和激化，经济停滞成为常态，与西方发展模式不同的是，中国已经形成独具特色的发展模式即中国特色社会主义发展模式，这是我们坚定道路自

信、理论自信、制度自信和文化自信的基础。我深刻认识到马克思主义具有旺盛生命力的根本原因以及当代大学生学好马克思主义理论的重要性。蒋永穆院长关于“《资本论》及其当代价值”的讲座使我们熟知了当前西方资本主义经济发展困境及未来世界经济趋势，我们更应该好好学习和理解马克思主义。因为马克思主义旺盛的生命力是推动国家、推动社会甚至推动整个时代发展的动力。

三、结训仪式

为期一周的思政集中实训学习让我们无论是思想觉悟还是道德素质都有了很大的进步。“奋斗青春——让梦想起航”学生演讲大赛上同学们激情演讲,“红歌大赛”中蕴含的红色精神都深深启发并教育了我们。在培养“信念坚定、执法为民、敢于担当、作风过硬、纪律严明”的公安专门人才的道路上我们又迈进了一大步。最后，我希望并且也坚信经过为期五天的集训学习，我们都将成长为一个纪律在心、责任在肩的预备人民警察。

不忘初心　砥砺前行

公安管理1501区队　潘　霜

2016年7月9日至13日，我院组织开展了为期一周的人民警察理想信念与职业精神集中实践活动。学院邀请了许多专家学者和英模给我们做讲座或报告，他们从理想信念、红色传统、廉政警示、忠诚警魂、青春励志五个方向进行了学术讲解和开展互动交流，极大地激发了警院学子从警报国的赤诚之心。

本次集中实践教学活动的主要目的是为了推进学院“大思政”育人工程的深入开展，创新“大思政”育人模式，深化思政课教学改革，培养“信念坚定、执法为民、敢于担当、作风过硬、纪律严明”的公安专门人才，突出“政治过硬作为首要标准、绝对忠诚作为第一要求”的人才培养规格。

思政集中实践教学活动分为五天进行，活动采用教学与实践相结合的教学模式。内容上丰富多彩、形式上多样有趣，使我们充分认识到了中国革命的艰辛以及党和人民的伟大。

在开训仪式上，我们进一步认识到思政集中实践学习的重大意义。首先，由“泸州酒城讲坛讲师、四川警察学院教授”周长明教授为我们讲解了当前我国意识形态安全问题。周教授从我国意识形态领域面临的历史机遇、严峻形势以及来自我国内部的挑战等三个方面进行了分析。在当今社会，国际金融危机使世界格局发生了深刻变化，西方经济受到了经济危机的重创，相反我国却很快走出经济危机并取得了巨大的成就。面对我国经济以及军事实力的崛起，西方资本主义国家开始诋毁我国，他们大肆散布中国威胁论。习近平主席曾经说过：“中国人民不信邪也不怕邪，不惹事也不怕事。”我们会一直坚定道路自信、理论自信、制度自信、文化自信，走中国特色社会主义道路，并坚持我们和平发展道路。西方国家对我国采取和平演变、文化渗透，以教育和学术交流为掩饰，向学者、知识分子传播西方意识形态，使他们对自己的制度和文化产生不自信与怀疑，从而达到他们分化中国的目的。对于西方的文化渗透我们必须坚决抵制，但面对国内意识形态诸多思潮，需合理有效地进行化解。就“新自由主义”“历史虚无主义”“新儒学”等不正确思想我们要坚决抵制。而面对党内的一些腐化思想以及错误认识，我们要加强教育，不断提高党的纯洁性。面对社会转型以及市场经济的发展给人们带来的一些困惑，我们要及时回应，做好引导。周教授的演讲使我们认识到了我国意识形态领域形势的严峻性。面对当前形势，作为一名未来的人民警察，我们必须不断加强自身的学习，坚定自身的政治立场，提高我们的思想道德素养。每个人都有自己的理想，而我们的理想就是成为一名合格的人民警察，“为人民服务、捍卫国家政权安全、保护人民生命财产安全”。

关于警察的职业生涯，我们是迷茫无知的，又是憧憬期待的。为此学院请来了在公安基层岗位上兢兢业业工作十多年的三位人民警察的英雄模范代表，为大家讲解“警察职业理想与职业精神”。警察这个职业是伟大的、无私的，也是危险的，在这个岗位上我们会失去很多，爱情、亲情、友情、时间乃至生命。但同时也会收获很多，面对人民群众的一张张笑脸，我们会感到前所未有的满足，这种满足感有时也是警察生活的调味品，会让我们更加热血、青春。

而这三位来自基层的民警的故事里既有辛酸也有欢乐。

1978年出生的陈国淑警官是一名中共党员，1999年她参加了公安工作，先后在派出所、看守所、刑侦大队工作，现任蓬溪县公安局刑侦大队副大队长。人们亲切地称她为充满温情的“警察妈妈”和守护一方安宁的“花木兰”。从警15年来，陈国淑始终在一线，把职业当事业，肩挑工作重担，心里始终装着群众，在平凡的岗位上取得了不平凡的业绩。她先后被评为全省“政法系统先进个人”“全省十佳刑警”，被荣记个人二等功1次，三等功2次。面对工作中的艰辛、压力，正与邪、血与泪、生与死的考验，陈国淑并没有退缩，她常说：“人活着总得有价值，能为人民群众的安宁做出一点点贡献，也算是实现了自己的人生价值！”这是一个警察的荣誉，也是信仰。

29岁的母俊峰是四川省公安厅交警总队高速支队内宜二大队一名普通

基层民警，他被人民亲切的唤作川滇路上的“守护神”。从警六年，在领导眼里，他是一个优秀的兵；在同事眼里，他是“爱啃硬骨头”且重情重义的战友；在周边群众和过往驾驶员眼里，他是一个视群众为亲人的“贴心交警”；在违法犯罪嫌疑人眼里，他又是一个嫉恶如仇的“电子眼”。几年来，他因工作表现突出，多次荣获上级表彰，在2015年当选全省“我最喜爱的交警”。2016年又被省公安厅评选为“四川十大最美人民警察”。对于工作他认真负责、尽职尽责，但对于家人他却备感愧疚，为了工作没能陪在妻子身边等待孩子的出生。但是他并不后悔，他说：“工作虽然艰苦，但是想想美好的事情以及人民对我们的信赖就会继续坚持下去，我们要跟着党走，有信仰有担当。”

李永权是南充市嘉陵区分局特警大队的一名普通教导员。他是嘉陵公安民警的党员先锋模范、学习标兵，先后荣获优秀共产党员、优秀公务员、首届嘉陵好人，两次荣记个人三等功，并且在2016年被评为“四川十大最美人民警察”。领导称赞他是“老黄牛”，同事冠名 “铁三郎”，自我评价是“爱本行”。因为工作他经常不在家，对于孩子也疏于管教，导致13岁的儿子不慎从七楼摔落死亡，他很后悔没有多陪陪孩子，但是他并不后悔成为了一名人民警察。在警察的道路上，他们没有时间陪家人孩子，没有精力外出旅游，只能把时间花在工作上、为人民服务上，但他们不后悔，因为这是他们的理想，这是他们的信念。

信仰是一个神秘而又神奇的东西。重庆红岩历史博物馆原馆长、研究员厉华教授为我们开展了以“红岩魂——信仰的力量”为主题的讲座。在中国近代一百多年里，涌现出了许许多多的英雄人物，他们为了革命而献出了宝贵的生命。特别是在中国共产党领导的革命中，像刘国志、黎琳（张露萍）、李清、张蔚林、冯传奇等都是为了革命而牺牲的英雄烈士。红岩精神体现为“修身律已、党性和人性的统一、心存敬畏、严格执行纪律”。在西安事变与重庆谈判上，中国共产党以及爱国人士表现出了极大的团结精神。西安事变中，张学良、杨虎城将军为了能让两党联合共同抗日，无奈控制了蒋介石迫使其答应联合抗日。虽然最终共产党和国民党联合在了一起，但面对蒋介石的报复，两位将军也付出了惨重的代价，张学良将军被终身囚禁在了台湾，而杨虎城将军则被无情的杀害。这样的气节是我们应该学习和发扬的，在当今社会，一些人身上腐败奢靡思想严重，一些党员干部作风涣散。作为未来的人民警察我们必须把人民放在心上，全心全意为人民服务，拒绝贪图享乐。

为了进一步强化廉洁从警意识，此次思政集中实践活动组织我们参观泸州市党员干部法纪教育中心，开展廉政警示教育。在法纪教育中心的大厅，进门映入眼帘的是“照镜子、正衣冠、洗洗澡、治治病”这几个大字以及一口大钟。在一条伴随碎裂声音的玻璃铺成的通道旁，有香车美女、金钱权势的诱惑，告诫我们面对各种诱惑要时刻保持清醒、如履薄冰。在展厅里，我们看见了很多落马的贪官污吏的案例，例如令计划、毛小兵、徐才厚、李东生以及汪风熊等。他们原本有一条坦荡的仕途却因为贪念而毁于一旦，为什么会有这么多贪官前赴后继？原因不外乎以下五点：虚荣攀比、心态失衡；信仰缺失、三观沦陷；目无法纪、心存侥幸；奢靡享乐、腐化堕落；姑息放纵、裙带关系。

参观了贪腐案例展示，我们要以此为警示，不断加强自身思想修养，筑牢思想堤坝，以海瑞、包拯等古代清官为榜样，不断坚定我们的信念，始终为人民服务。

在护国战争纪念馆里，我们看见了风景优美的陶家大院；看见了五花八门的武器；看见了护国战争的进军路线图及战争形势地图，还有蔡锷将军题写的“护国岩”。在这里有护国军将士的生平简介，如张子贞、蔡锷、朱德将军等。朱德将军先后参加了孙中山先生领导的护国战争、护法战争和“二次革命”，他救民于水火、除暴安良、讨袁护国，光照千秋、名垂青史。正如蔡锷将军所题写的护国岩铭一样“护国之要，惟铁与血；精诚所至，金石为开；嗟彼袁逆，炎隆耀赫……”我们应该学习老一辈革命先烈的精神，不畏艰难险阻，勇于拼搏抗争。

我们在回首过去的同时也要展望未来，不断观察国内外经济发展形势与格局演变。南开大学经济学院何自力教授为我们讲解了“西方资本主义经济停滞常态化与中国模式的世界意义”。要看待西方经济和中国经济就要从社会主义和资本主义说起，从资本主义的萌发、确立、发展进程来看，资本主义的萌发确实是一种进步，它的发展伴随着工业革命的推进，而随着时代前进，它的弊病也不断显现。周期性经济危机成为资本主义发展面临的无法破解的难题和困境，何自力教授分析资本主义自身无法克服其制度性缺陷，而社会主义制度的优越性决定它必将取而代之。对比西方资本主义的发展历程与我国社会主义的发展速度，我们更加坚定了毫不动摇坚持中国特色社会主义道路的信心，我们进一步充分认识到了马克思主义的优越性。而由四川大学马克思主义学院院长蒋永穆教授为我们带来的关于“《资本论》及其当代价值”的讲座，让我们充分认识到了马克思主义这一重要思想的指导意义，也让我们看见了另一个与众不同的马克思。马克思曾经说过：“我一直在墓地的边缘徘徊，因此我不得不利用我还能工作的每时每刻来完成我的著作，为了它，我已经牺牲了我的健康、幸福和家庭。”而邓小平对于马克思主义是坚信不移的。他曾说：“世界上赞成马克思主义的人会多起来，因为马克思主义是科学。”对于马克思主义我们必须始终努力学习其思想精髓并以之为指导思想，走中国特色社会主义道路。

在思政课暑期实践教学活动的最后一天，我们进行了“奋斗青春——让梦想起航”主题演讲比赛以及红歌大赛。洪亮的红歌回荡在校园久久不能散去，我们的心也随着红歌跌宕起伏、难以平复。这次的思政集中教育使我接触到许多从未涉猎的知识，明白了共产党人建党创业的艰辛，也明白了革命的艰险，我们有屈辱的近代历史也有美好的现在和未来。当今中国的发展，让我们既欣喜又担忧。作为未来的人民警察，我们必须守身律己，严格要求自己，加强党风党纪建设，端正自己的思想，争取做好自己，为人民说话、替人民谋利，坚定政治方向，在思想政治素养上不断地完善、丰富自己。

先辈存我心　风骨传后人

公安管理1502区队　蔡璐璠

烈日当空，蝉声不绝于耳，干燥与湿热难耐的天气交替上演，但一场红色文化的饕餮盛宴才刚刚拉开帷幕。在学院思政部的统一组织下，我院开展了为期一周的人民警察理想信念与职业精神集中实践教学活动，形式多样且内容丰富。我们在国家意识形态安全的专题报告中明晓责任；我们在最美人民警察的专场报告中铸就忠诚；我们在护国战争纪念馆中缅怀先辈；我们在激情演讲比赛中放飞青春梦想……

令我记忆犹新的是重庆歌乐山烈士陵园纪念馆原馆长厉华为我们带来的“弘扬革命传统，传承红岩精神”的精彩讲座。在他的深情讲述下，一个个英勇伟大的革命英雄呈现眼前，一个个感人肺腑的英雄故事刻入脑海，我们每个人的心灵都受到了极大的震撼，灵魂经历了红色精神的洗礼。“有的人活着，但他却已经死了；有的人死了，但他却还活着。”一代又一代的革命烈士不屈不挠，大义凛然，置生死于度外，他们被中国共产党坚定而又崇高的信念时刻激励着。对于如今愈加富强的中国，我们既要大力弘扬以改革创新为核心的时代精神，更要大力弘扬以爱国主义为核心的民族精神；加强红色传统教育，时刻捍卫无数革命先烈用鲜血染成的五星红旗、用生命铸就的美好新中国。此外，要学习并传承先烈们坚定的理想信念、坚毅的人格力量、坚守的执着精神、浩然的革命正气，要倍加珍惜得来不易的和平年代和幸福生活，在学习中大力贯彻落实“爱国、团结、奉献、奋斗”的革命精神，努力学习、锐意进取、不忘初心、砥砺前行、为社会主义建设做出应有的贡献。

在纳溪护国战争纪念馆，偌大的陶家大院的展厅中一幅幅发黄而又珍贵的旧照、一个个逼真而又震撼的战争场景，真实地还原了发生在近代中国的那场护国讨袁战争的革命图景。也许，斗转星移能抹去山河的痕迹，但在历史的长河中将不断证明，这种革命精神永远不会过时。崇高、忠诚和无私，将超越时空，成为人类永恒的追求。也许，时间会冲淡记忆，但人们决不会忘记，祖国决不会忘记！那些为祖国而牺牲的烈士们，他们的理想信念、人格精神将长久地传承给一代又一代新生的骄阳。

思政集中实践中有三项精彩的内容。一是由思政部老师们为我们组织的一场主题为“奋斗青春——让梦想起航”的演讲比赛，每个区队选取一名同学作为代表参加。数十名同学慷慨激昂、舌灿莲花、语惊四座、才辩无双，道出了我们全体同学为梦想而战、心怀鸿鹄之志的热血激情。雄鹰的理想是振翅长空翱翔九天；海燕的理想是搏击风浪穿越茫茫海面；蛟龙的理想是行云布雨畅游深潭；我们的理想是与时俱进屹立风口浪尖，承载着家庭和亲人的嘱托，满怀着对未来美好生活的向往。我们不仅是大学生更是一名警校生，肩负着祖国和民族的希望，承载着社会的公平与正义。这就需要我们在大学期间高标准、严要求，提高自身知识水平，增强警务战术和实践才干，除此之外，更要树立坚定、远大、崇高的红色理想信念。理想信念是激励人们迎接挑战、克服困难的精神支柱和强大力量，理想信念越坚定，克服困难的勇气和意志就越坚定。身为警校生，我们所处的时代和所承担的任务与以往不同了，但相同的是我们必定会遇到各种各样的困难和挫折，所以需要坚定理想信念，培养克服困难和应对挑战的坚强意志，这样再难过的关我们也可以闯过，再难吃的苦我们也能熬过。我们必须坚定“对党忠诚、服务人民、执法公正、纪律严明”的十六字总方针，向党看齐、向党员同志学习，绝不能在选择方向上出现差池。

二是红歌合唱比赛留给我们的财富不仅仅是一首首红歌传达的革命精神，还是一个区队团结一心的集体荣誉感。如那首歌“团结就是力量”一般，它警醒着我们做任何事都要团结一心方能勇往直前。俗话说一个巴掌拍不响，就是因为这个“巴掌”没有去团结另一个巴掌，好像我们人一样，独自一人不团结他人的话，他的力量与贡献也就微乎其微。在红歌比赛的赛前，同学们采用民主投票的方式选出比赛曲目，又别出心裁设计合唱队形，形式上也是你一句我一句的出点子，无形之中不仅加深了同学情谊，更增强了整个区队的凝聚力，在排练中谁也不开小差，为了区队的荣誉而努力练习。同心山成玉，协力土变金！成功需要克难攻坚的精神，更加需要团结协作的合力！只有懂得团结的人，才能明白团结对自己、对别人、对集体的意义，才会把团结当作自己的一份责任。

三是在廉政警示教育中，我们第一次近距离看到了一些因走错路踏错河而陷入泥沼中不可自拔的落马贪官的案例。无论是一名普通的大学生还是作为一名警校生，忠诚都是一个人的优良品德，国家倡导忠诚于国，给军人重新定位的核心价值观便是以忠诚为首，可见忠诚之重要。国家现如今正在飞速地发展，道路或许坎坷，不可避免的有不尽如人意之处，也许会有人因不思进取而被这个时代所抛弃；有人会因沉迷红灯绿酒、贪婪红尘铜臭而堕落变质。社会总是优者胜出，劣者淘汰，有的人便会仇视这个社会，做出一些令人发指的事情，还有的人只图自己享乐，身居高位却不思民之忧乐，最终走入歧途将自己推向深渊。但国家始终代表着最广大人民的利益，绝不会让这些人贪赃枉法、为所欲为，法律必将还给人们一个公平正义的朗朗乾坤，所以身为警校生的我们一定要做到忠于祖国、忠于人民、忠于内心。

为期五天的思政学习转瞬而过，感慨颇多不知所言，但我更知晓作为一名警校生的责任与担当，我必将不负初心、砥砺前行，坦荡从容地走下去。

大思政　育警魂

公安管理 1502 区队　沈建君

警察到底意味着什么？这是进校以来深藏于内心的第一个问题。现在我可以这样回答：警察是一个具有政治性、服务性，担当保障人民生命财产安全、打击违法犯罪行为、维护社会秩序，从而做到全心全意为人民服务的职业群体。政治性，是警察的首要属性，主要体现在学院“政治建校、政治育警”办学方针中。2015 级暑期思政集中实践教学活动通过聆听专题讲座、参观红色革命纪念地等形式，在或严肃或活泼的学习氛围中，提升了川警学子的思想觉悟，增强了政治意识、大局意识、核心意识、看齐意识，增强了社会主义道路自信、理论自信、制度自信、文化自信，是一种具有公安院校特色的思想政治教育模式。

四川警察学院，一所被誉为“警察的摇篮、英雄的熔炉、精神的筑所”的政治院校，一所让青涩学子蜕变为预备警官的大学，它是我们的家。在这个大家庭中，川警人时刻秉承着“忠诚为民、勤学成才”的校训，渴望能为母校平添光彩、实现自己的人生价值。

烈日当头，参加暑期集中实践教学活动的我们，怀着期盼而又激动的心情，早已整理好内务及着装，迈着整齐的步伐步入学院礼堂，安静地坐在礼堂里等待着讲座的开始。早已习惯并喜欢上这样的学习氛围，专家、英模、学校老师的谆谆教诲，谨记在心。

感谢这次学院的教学创新改革，让我在成长的道路上又前进了一步，不仅让我们接触到了许多平时书本上学不到的知识，还给我们创造了一个平台让我们尽情地展示自己的才华与能力，这是一个全面发展自己的好时机。警察这个职业，相对其他一般职业来说较特殊，不仅仅需要我们具备勇气、胆量、智慧、政治纪律意识，还需要团队协作、口才、知识、气场等综合素养。学院“大思政”育人方案深刻体现了这一点优势，是学院创新教育改革的一次大手笔。在这次活动中，四大队的学子们在学院领导、老师的统一指导下，在高温与烈日考验中发扬了“任凭风吹雨打，我自岿然不动”的精神，积极参与了学院组织的校内外实践活动。此次活动围绕“讲政治，守纪律，懂规矩”开展，让我们了解到在国家全面推进依法治国的过程中，我们作为一名预备警官首要的任务就是提升自身的政治素养。

没有华丽的辞藻能形容我内心的悸动，那么就让我用质朴的词汇来勾勒我们在警院所经历的一个个不平凡的精彩瞬间吧！

“生活不止眼前的苟且，还有诗和远方的田野。”远方的田野应该就是人生的目的地吧！在人生的旅途中，我们不能只顾低头向前走，要多停下脚步看看身后的脚印，因为那一步步脚印即将构成我们的人生……

首先，刘文芳老师主讲的“生活不止眼前的苟且，还有诗和远方的田野”的报告，语言生动质朴又不乏幽默，不仅营造了轻松活泼的学习氛围，也吸引了大家的眼球，使大家在快乐中思考人生。

一个有理想信念的人，幸福指数会比一个理想信念缺失的人高。一个国家、一个社会，再到一个人，为什么要有信仰？信仰是一种精神支柱，是一种激发人潜能的力量。一个人可以没有一切但是不能没有信仰。如果既有理想又有信仰，那么理想将会成为他激流勇进的支柱。“海阔凭鱼跃，天高任鸟飞”这是学院伊院长的座右铭。外面的世界很精彩，外面的世界也很无奈，但只要我们手中握着信念与理想，再大的风浪也不会吓退我们，反而会激发我们激流勇进，用理想和信念作为导航，到达成功彼岸。现在社会压力那么大，不少人工作只是为了生存，很多人只是为了工作而工作。然而，我认为对于工作首要的要求便是让自己快乐。我们需要给自己定位，自己喜欢什么，适合什么，这是个值得认真思考的问题。你需要认真、客观地审视自己，做出最满意最合理的计划，决定之后我们就需要朝着这个目标奋斗，不能轻易动摇。这个过程会痛苦但也会带来快乐，会让你舍弃许多东西，但“有舍才有得”这才是梦想真正的定义！

当实现了梦寐以求的理想时我们是最快乐的，回想过程的艰辛也会让我们充满自豪。其次，当我们步入社会，就应该秉持“干一行，爱一行”的信仰，脚踏实地，密切联系群众，从基层做起，一步一个脚印地向前走，勇攀高峰。这样的人生是无悔的。一个美国科学家调查发现，工作中的人幸福指数比一个没有工作（失业、退休）的人高。劳动充实着我们，劳动着的人是快乐的，毛主席曾说过“劳动者最光荣”。好逸恶劳的人是不快乐的也不会得到别人的肯定，工作体现了我们的人生价值，也是我们生存和发展的资本。我想，这里“诗和远方的田野”指的应该是人生中现阶段还暂时看不到的那份属于自己的美好光景吧！让我们怀揣信仰与理想朝着远方的乐土前进吧！

红岩魂，激后人。

紧接着，重庆歌乐山革命纪念馆原馆长厉华先生带来题为“红岩魂——信仰的力量”的讲座。

以史为鉴，读史可以明志。在异常庄重肃穆的氛围中我们深深感受到了历史尤其是革命历史对于人类文明进程的重要性。历史引发后人深思，聆听这样的革命史专题报告是对我们精神的一种洗礼，不仅重温了革命历史，也激发了我们的奋斗精神，对我们的职业素养有正向作用。

忠诚于自己的政治选择。校训“忠诚为民”意在告诫我们：要忠诚于自己的政治选择，忠于党和人民，才能更好地为民服务。修身律己，将党性和人性统一起来；清正廉洁，秉公执法；将党的目标和个人人生目标的实现结合起来。

心存敬畏，执行纪律。严于律己，绝不玷污党的荣誉。要求我们对党和组织心存敬畏之心，对其有归属感与责任心，严格执行内部纪律，做到有纪律有秩序。我们每个人都是集体中的一份子，要时刻以集体利益为重，不能因为个人原因影响了集体利益，这时候个人素养在纪律上的表现便非常关键，回首细看众多英雄烈士，无不恪守纪律、兢兢业业，虽经敌人的严刑拷打依然岿然不动、临危不惧、舍生取义，用生命换来了最终的胜利。

纸上得来终觉浅，绝知此事要躬行。

最后，“事必躬亲”。学院以区队为单位，在活动最后一天举行了唱红歌和演讲比赛，给每个同学提供了一个平台展示自己，大家“八仙过海，各显神通”，都在为集体荣誉而战。每个人都毫不吝惜地向大家展示自己的才华，一份耕耘，一份收获。这些看似简单的活动实质上给大家带来了潜移默化的影响，嘹亮整齐的歌声中透露着的是区队干部们背后有序的组织训练与同学们倾情付出；区队之间的竞争使大家紧紧团结在一起，不仅增强了区队的凝聚力，也提高了同学们的组织协调能力，这些是读万卷书换不来的！

大思政，育警魂！时代潮流，顺之则昌，逆之则亡！在这个瞬息万变的时代中，任何事物要占据一席之地必须不断地改进、创新、实践。这次短暂的暑期思政实践教学活动是学院的一次创新之举，使全体受训学员获益匪浅！

取之精华，我辈用之。思政育人，薪火相承！

夏日一抹红

公安管理1502区队　王媛媛

夏日炎炎，心中那抹红色却永不退却，这抹红色是英雄的鲜血铸成，是心中的热血，是未来的希望。

一、开训仪式

2016年7月9日，头顶着泸州的炎炎烈日，我们按照学校的统一安排参加为期一周的人民警察理想信念与职业精神集中实践教学活动。在开训仪式上周长明教授的一番话使我深受触动，我也对此次活动有了深刻的了解。我更深刻地明白我们参加人民警察职业精神和职业道德的集中实践教学活动就是为了铸造忠诚警魂、培育时代新警，让我们成为一个有思想素养、有政治灵魂、有政治责任担当的人民警察。同时，也是为了使“两学一做”学习教育常态化，为党培育出更多的优秀人才。我们作为警察院校的学生，更应该坚持党的领导，积极参加思想教育活动，培育社会主义核心价值观，坚定忠诚为民、勤学成才信念，将来才能为党和人民做出应有贡献。

二、当前我国意识形态安全问题

作为一个合格的大学生，我们应该全面了解我国所处的社会主义阶段和当前我国的国情；作为一名预备警官，我们更必须了解我国国情，树立正确的思想意识。因此，周长明教授为我们奉上了一堂关于当前我国意识形态的精彩讲座。

在讲座中，周教授向我们讲述了我国当前意识形态领域所面临的机遇与挑战。他谈到，国际金融危机打击了西方意识形态的“美誉”和话语权，同时中国经济崛起，使中国对自己的主流意识形态信心增强，中国的国际地位提高，拥有更多的话语权，中国逐渐在世界舞台上发挥着更大的作用，为世界的和平发展做出更大贡献。而作为警院学生，我们要对党充满信心，我们更要为了国家的建设发展尽自己的一份力，不断充实发展自己，提高自己的能力和提升自己的素养，在将来才有能力为国家建设出一份力。

讲座中，周教授同时也提到当前我国意识形态安全领域所面临的严峻形势，有来自外部世界的压力，更有来自内部的挑战。近些年来，全球化给我国意识形态带来了严峻挑战，西方敌对势力也借机对我国进行文化渗透，对我国意识形态造成严重威胁。当前社会中人们思想意识日益多元，这加大了意识形态引导的难度；社会转型和市场经济加快发展带来一部分人价值观的迷失；更有少数人受消极思想影响，时常发表一些诋毁攻击党的言论。因此，我们要了解当前我国意识形态安全所面临的严峻形势，我们必须要摆脱困境，抓住机遇，加强意识形态领域建设，牢牢把握主动权，完成我们的伟大梦想。

作为国家未来的栋梁，我们的身上肩负着光荣神圣的使命，我们是警院的学子，我们的肩上寄托着人民的希望，我们必须发奋学习，为了祖国的明天，我们要努力拼搏。

三、崇高的理想信念 点亮出彩人生

刘文芳教授的讲座没有像周长明教授那样用国家大事来鼓舞我们，她的讲座延续了以往许多教授的主题“理想”。不同的是，她在讲座中给了我们两种人生选择，生存或生活。我想我是一定会选择生活的，在我看来，生存有时是残酷的，它会使有的人丧失良知，不择手段去获取非法利益来满足自己的欲望；生活却是幸福的，它让人们快乐，也许不能拥有很多物质利益，但人的精神是很富足的。我们都想获得幸福的生活，而不希望痛苦地生活着，如同行尸走肉一般，然而我们却不明白怎样才能幸福生活。刘老师告诉我们，幸福生活就是你自己对人生的正确定位，有的人追求远大的梦想，有的人希望做个有用的人。

我们对梦想和有用都有不同的理解，很多人认为有用就是考个好大学、有一份好工作。在我看来，有一份好工作，固然生活有了物质保障，但是人生短暂无常，不确定的因素有很多，我们在生活中会遇到许多坎坷波折，我们会觉得命运不公平，甚至对生活失去了信心，这是因为我们缺乏一种坦然面对生活的态度，也惧怕去承受命运的重担。可是我们要相信生活不只是困苦，更有诗和远方，对未来我们应当满怀希望，因为明天又是新的一天，太阳会照常升起来。

多读些书吧，书中自有颜如玉，书中自有黄金屋。我们所憧憬的生活，你会在书中找到，多和名人大家对话，他们会告诉你生活是这样的神奇，生活还有诗和远方。

四、警察职业理想与职业精神

6 月 4 日，四川省十大最美警察颁奖仪式在我院成功举办，那些站在领奖台上的警察都是我们学习的榜样。在这次人民警察理想信念与职业精神集中实践教学活动中，三位获奖的最美警察在百忙之中抽空来到我们学院和我们一起分享他们的经历，我有幸聆听了他们的讲述，感触颇多。

通过他们的叙述，我才知道基层民警的日常工作是很繁杂的，同时也很危险。因此，他们几乎没有时间陪伴家人，整天奋斗在一线，经常面临各种各样的危险。但是他们毫不退缩，兢兢业业。而他们讲述的几句话让我深受鼓舞。陈国淑师姐说，动作快、走路快、脑子快；李永权警官说，管好自己的手、管好自己的腿、管好自己的嘴；母俊峰警官说，廉洁奉公。正是这些精神，使他们临危不惧，使他们勇于说对诱惑不，使他们认真履责。

我们作为新时代的预备警官，更要以严格的纪律来约束自己的行为，以高标准来衡量自己的工作或学习，我们要以他们为榜样，向他们学习。我们正在前进的路上，我们要做好思想准备，我们要为了成为一名合格的警察而奋发向上。既然已经选择了从警的道路，我就应该从现在起以一名人民警察的标准来衡量和要求自己，不怕苦不怕累，流血流汗不流泪。

五、红岩魂—— 信仰的力量

厉华先生的讲座带我们走进那一段黑暗血腥的往事。重庆渣滓洞，那里有无数革命志士被枪杀在解放前夕，他们还没来得及看我们新中国的成立，看看那五星红旗的样子，是他们用淋漓的鲜血染红了我们现在冉冉升起的五星红旗，是他们用生命换来了新中国的成立。

是什么让他们献出了年轻的生命，是信仰，他们坚信中国共产党会让中国人站起来，为此他们不惜用生命去捍卫信仰。那段黑暗的历史已离我们远去了，如今的我们又该做些什么才能对得起他们用生命换来的这一切？

我们作为新时代的预备警官，要忠诚于自己的信仰，为信仰而战，为信仰而死。我们要有民族气节，它是建立在高度的理性基础和理想之上，所以，我们要修身律己，坚持党性；心存敬畏，执行纪律；严于律己，绝不点玷污党的荣誉。

古语有云，天下兴亡，匹夫有责。我们要时时关注国家发展，为实现中国梦而拼搏。年轻的我们是英雄的后代，我们的身上承载着英雄血与泪的嘱托，奋斗吧，我们将在时代的舞台上大放光彩，让世界看看我中华儿女的血性！

六、参观护国战争纪念馆与法纪教育中心

7 月 11 日上午我们乘车前往泸州护国战争纪念馆——陶家大院。据解说员介绍，这里是棉花坡战役的指挥部。站在这并不大的院落里，感受着历史的浓厚气息，我甚至可以想象出当时的情形，战火硝烟弥漫在小院四周，紧张的战斗撞击着所有人的心。蔡锷将军拖着病重的身体坐镇在此，镇定地指挥着护国军将士冲锋陷阵。年轻的战士们奋勇杀敌，一个战士倒下了，另一个战士紧接着冲向前去，他们用身体挡住机枪的扫射，为更多的战友冲杀趟开血路，最终蔡锷将军领导的护国军取得了以少胜多的战役胜利。

我们的国家是在危难中觉醒的，有志之士临危受命，解救我们苦难的人民于水火之中，我们的国家是无数革命烈士用鲜血换来的，我们要倍加珍惜一切，为我们的民族屹立于世界之林做出自己应有贡献。

下午，我们参加了市法纪教育中心。这里面展示了因贪腐受到法律制裁的贪官的典型案例。那一张张面孔、那一封封信充斥着无尽的忏悔。每一个案例、每一个落马贪官，都在警醒着我们遵纪守法，也给将要入职的我们敲响了警钟。作为未来的公安人才，我们必须要严于律已，不断提高自己的政治思想素养和政治觉悟，才能做到对诱惑说不，将来步入社会才能真正造福于人民。我们将来会作为国家的执法者，我们是法律公平正义

的捍卫者，我们必须对各种诱惑说不，为人民守护平安。

七、如何看待陷入困境的当今世界资本主义经济与中国模式的成功

中国已经成为全球第二大经济体，随着时代发展，西方资本主义使得西方经济陷入长期停滞的困境，而中国经济的发展动力强劲且潜力巨大。我们作为时代的新青年，应该对我国当前的经济发展形势有所关注了解。为此，我院邀请到了来自南开大学经济学院的何自力教授带来“西方资本主义经济停止常态化与中国模式的世界意义”专题讲座。

何教授一直致力于研究中国经济发展模式，他通过多年的研究得出一个结论：我国的经济将会越来越好，会成为引领世界经济发展的强劲动力。他首先梳理了我国和西方二战后的经济发展历程，又根据西方经济陷入停滞的趋势，比较我国经济制度优势，预测了我国经济正处于不断发展和上升的趋势。从他的讲述中，我可以体会到他对国家经济长期发展充满了信心。自甲午战争以来，国人深刻地明白了一个道理：落后就要挨打，强国才有外交。我们中国要想实现中华民族伟大复兴的中国梦，必须大力发展经济。经济的繁荣才能促进社会的进步发展，有了强大经济基础的保障，我们的国家才可以走向强盛。

八、“奋斗青春——让梦想起航”演讲比赛和红歌大赛

青春、梦想是我们都很熟悉的话题，然而在警院的我们拥有着其他人无法体会的感受。当其他院校大学生还在寝室里呼呼睡大觉的时候，我们已经站在二球场集合跑操了；当他们正享受着空调的时候，我们正顶着烈日的炙烤在志祥广场上训练；当他们漫无目的地在校园里闲逛的时候，我们正在教室里安静地学习。我们的青春充斥着藏青色的汗水，我们的梦想包含着捍卫国家和人民的安全。

参加演讲比赛的同学用慷慨激昂的声音激励着我们珍惜青春，为了梦想而奋斗拼搏。我想不管多么动听的言语，也唯有用行动才能诠释它的全部内涵。我将努力去赢得属于我的天空，我相信行动会证明一切。语言会略显苍白无力，只有用勋章才能书写奋斗青春的历史。

那一首首红歌，将继续激励着我们在新时代里奋勇向前。

九、结语

虽然这次思政集中实训活动已经结束了，但是它传递给我们的精神，我会永远牢记在心。我们的血脉中承载着人民的嘱托；我们生来就是为祖国、为人民而奋斗的；我们的精神是中华儿女精神的时代体现；我们的一生都将奉献给养育我们的土地和人民；我们要为他们创造美好的明天。所以我会尽我所能去守护这片净土。

历史虽已远去，记忆不能忘却，那昔日的血腥黑暗，那监狱里激昂的革命烈士，听，他们在呼唤着我们，向前吧，把我们的国家建设强大起来！我们是英雄的儿女，我们的身体里流淌着勇敢战斗的血液，为了中华民族伟大复兴，我们要加倍努力。

2016 年这个夏日，给我的未来涂上了最激情的红色，它将永不褪色。

挥洒汗水，坚定理想

公安管理1503区队　苟正宁

刚刚得知要留校参加思政集中实践学习的时候，我整个人的心情都不好。说实话，我真的不想被留校，但是这次的人民警察理想信念与职业精神集中实践教学活动是非常重要的，而且服从指挥是一名预备警察最基本的素养。所以，既留之，则安之。抛开了那些不愉快的心情，我全面投入到这次由学院思政部组织的集中实训学习之中。期间，我感觉成长了不少，让我对自己以后要走的道路也更加地坚定。

这次集中学习为期五天，期间有不小收获。首先，从整体上来评价一下这次人民警察理想信念与职业精神集中实践教学活动，"讲党性、守纪律、强素质、促跨越"，突出全面发展自己；坚定中国特色社会主义社会共同理想，有信仰，有理想；辩证认识西方资本主义经济，品鉴《资本论》；参观护国战争纪念馆和泸州市党员干部法纪教育中心，铭记历史，展望未来，见微知著，廉洁从警。

第一天

七月九日，思政集中学习的第一天，由周长明教授讲解当前我国意识形态安全问题。周教授主要是从国际金融危机打击西方意识形态的美誉和话语权以及我国当前意识形态所面临的严峻形势入手，有层次、有深度地诠释了我国在意识形态领域所面临的挑战。这对于从未关注这一问题的我无疑是醍醐灌顶。我幡然醒悟，现在和平年代，舒适安逸的生活是最容易麻痹人的，让我们沉溺其中而不自知。其中最让我印象深刻的是一些党员领导干部的消极腐败现象以及部分高校教师学者鼓吹"西化"思想，都不同程度上对国家意识形态产生严重影响，动摇国之根本。因此，我们必须要掌握意识形态主动权，坚定“四个自信”，就如习近平总书记在“七一”重要讲话中指出：“理想信念动摇是最危险的动摇，理想信念滑坡是最危险的滑坡。一个政党的衰落，往往从理想信念的丧失或缺失开始。”坚定理想信念是共产党人的政治灵魂，是引领党的事业不断前进的精神旗帜。我们党从诞生之日起就把马克思主义鲜明地写在自己的旗帜上，把实现共产主义作为党的最高奋斗目标，在不同历史时期又根据形势变化提出富有感召力的阶段性奋斗目标。而高校正是培育祖国接班人的重要场所，在培育学生正确的思想意识方面更不容有任何差池。所以，我们要坚定中国特色社会主义理想，抵御西方的意识形态的入侵。

第二天

7 月 10 号，思政部特别邀请到了今年的“四川十大最美人民警察”中的李永权、母俊峰和“全国爱民模范”陈国淑来为我们讲他们的警察故事。刑侦大队副大队长陈国淑，情系警营，为爱前进。虽是女儿身但有“巾帼不让须眉”的精神。10 多年来，先后荣获“十佳刑警”称号等荣誉，她关爱孩子，呵护留守儿童，被亲切地叫做“警察妈妈”，并受到过国家主席习近平等党和国家领导人的亲切接见。她向我们讲述了属于她自己的警察故事。当年她入警的初衷是为了保护家人。因为父亲的过早离世，小小的她担负起了养家的重任，虽然是一个女孩子但凭出色的成绩被录取为一名人民警察，这期间的困难与艰辛只有经历过的人才懂得。更令我感动的是李永权警官，他被誉为“平安使者”，因值班忙留下了儿子独自在家，导致儿子不幸从七楼坠落身亡，留下未替儿子充 50 元话费的终身遗憾。“儿子啊，爸爸已经给你充好话费，你在天堂那边可以给爸爸打电话了”这句话触动了我的泪点。我不禁感到困惑，到底是什么样的力量在支撑这位痛失儿子的父亲依然坚守岗位？后来我知道了答案，那就是为了更广大的人民能有安康生活，舍小家为大家。还有被称为川南大门高速路段的“守护神”母俊峰，不管风吹日晒、严寒酷暑，始终坚守在自己的“战场上”。我们的人民警察，有因公牺牲、奉献生命的，有积劳成疾、无悔坚守的，有敢于担当、勇于创新的。他们有的是守卫平安、护航生命的交通警察，有的是扎根基层、润物无声的社区民警，有的是无惧生死、冲锋在前的武警官兵，还有的是为和平奔赴枪林弹雨的维和警察……他们值得我们热爱。

第三天

参观了泸州护国战争纪念馆和泸州党员干部法纪教育中心的我心间涌起一抹悲壮和肃穆。在护国战争纪念馆中，我认识了蔡锷将军，他认为“欲建造军国民，必先陶铸国魂”。他在病痛中指挥了著名战役——棉花坡战役，这是整个护国战争中最为重要、关键的一战，事关护国战争的全局和胜败得失。它的胜利彻底改变了护国战争的局面，使护国战争由被动变为主动，不仅从军事上击溃了反动军阀，使其一蹶不振，还从政治上影响了全国各地，有力地推动了全国护国讨袁运动。孙中山曾对他这样评价，“平生慷慨班都护，万里间关马伏波”。下午，我们又参观了泸州市党员干部法纪教育中心，这里充斥着肃穆与庄严。通过参观学习，我们接受了廉洁自律、廉洁从警的警示教育，强化了自身廉政意识，提高了拒腐防变能力。

第四天

清晨，在热浪中醒来，很快我们就进入到南开大学何自力教授给我们带来的“西方资本经济停滞常态化于中国模式的世界意义”专题讲座中。何教授提出了自己独特的见解：西方资本主义已经从工业资本主义阶段发展到后工业资本主义阶段，经济发展的周期性，即繁荣和危机交替的物质基础消失了。各种矛盾空前尖锐和激化，经济停滞成为常态。究其原因，大概有以下几条：其一，金融自由化加快资本主义经济的虚拟化程度，资本的财富创造能力急速衰竭；其二，对外直接投资大规模开展，加快了工业资本主义产业的空心化进程，产业竞争力急剧下降；其三，利润率下降规律的作用。但是最深沉的原因还是违背了劳动关系悖论。与西方发展模式不同，中国已经形成了独具特色的发展模式，即中国特色社会主义发展模式。所以，中国塑造世界的历史时刻到来了，我们要抓住时机，发展自己，展示自己，壮大自己。下午，四川大学蒋永穆教授又与我们品鉴了《资本论》。虽然没有听太懂，但是大概的内容还是知道的。我们要坚信在科学上没有平坦的大道，只有不畏艰险沿着陡峭小路攀登的人，才有希望达到光辉的顶点。

第五天

不知不觉思政集中实训就临近结束了，从开始的不情愿到慢慢接受渐渐投入，到最后的依依不舍。这一天是我最期待的一天，因为今天不仅有精彩演讲比赛还有红歌大赛。我们为这一天筹划了很久，利用晚自习来排练红歌，等的就是在这一天大放异彩。早上的演讲比赛，看着小伙伴们在上面器宇昂轩，指点江山，我流露出深深的“嫉妒”，但也衷心为他们感到骄傲和自豪。下午，期待已久的红歌大赛终于来了。我们区队是第五个上台表演的，激动之情蹿上了心间。虽然最后我们区队的得分不尽如人意，有一点小失望，但回头看看我们也一起努力过，结果早已显得不重要了。

就这样不知不觉我的暑期思政集中学习就结束了，有一点点的怀念，毕竟这样在一起学习努力的时光是很难得的。我定当好好好珍惜这次的感悟与体会！

坚定信念，永远在路上

公安管理 1503 区队　杨　倩

2016 年 7 月 9 日，我们开始了学院组织开展的为期一周的人民警察理想信念与职业精神集中实践教学活动。虽然天气炎热，大家还是很认真很投入地完成了本期集中实践学习。本次活动的内容丰富、形式多样，让我深刻感受到思政部的老师们筹划本次活动的用心和不容易。

本次活动有精彩讲座、参观护国战争纪念馆和泸州党员干部法纪教育中心、“奋斗青春”演讲比赛、红歌大赛等形式。

在这一周的人民警察理想信念与职业精神集中实践教学活动学习中，多位专家教授的讲座，让我受益匪浅。

一、生活不止眼前的苟且，还有诗和远方

“生活不止眼前的苟且，还有诗和远方。”这句话出自《高晓松 184 天监狱生活实录：人生还有诗和远方》。原文摘录：“我妈说生活不只是眼前的苟且，还有诗和远方。我和我妹妹深受这教育。谁要觉得你眼前这点儿苟且就是你的人生，那你这一生就完了。生活就是诗和远方，能走多远走多远；走不远，一分钱没有，那么就读诗，诗就是你坐在这，它就是远方。越是年长，越能体会我妈的话。我不入流，这不要紧。我每一天开心，这才是重要的。”

刘文芳老师为我们带来这个讲座课题，我想是在鼓励我们在座的各位，要把眼光放得更长远、心胸放得更开阔。不要苟且于现在的生活，要为未来做更多的打算。但无论现在的生活好与坏，都不能放弃自己、不能就此给自己的人生下定义。多读书、在书中寻找人生的方向，在书中沉淀自己、放松自己、激励自己、相信自己。让我们为未来努力、为人生加油。

二、警察的职业理想和职业精神

学校专门邀请了母俊峰等三位优秀基层民警来校做报告。这三位民警为我们讲述了他们从警多年所经历的风雨，如何在自己的岗位上恪尽职守。他们给我们讲述了他们最初的理想，带着初心走过风雨踏过荆棘，一直到现在。虽然没有华丽的语言、没有动人心魄的经历，但那平平淡淡的十几年的坚守是最打动我的。坚持说容易也容易、说难也难，奉献十几年的青春，牺牲陪伴家人的时间，熬过寒冷又静谧的夜晚，昼夜不分地出警救人……警察这个职业有不尽的辛劳可说、有不尽的奉献可颂。

报告与互动交流会上，李永权向在场师生讲述了个人工作体会、工作案例，向在场学子充分展现了人民警察的责任与担当。他在报告中讲到，作为人民警察必须做到忠诚、为民、务实、清廉。一是无私奉献、倡树形象。全心全意为人民服务是党的唯一宗旨，也是人民警察的根本宗旨。形象就是导向，形象就是力量。无私奉献作为一种崇高思想境界和高尚的道德情操，凝聚着中华民族的传统美德，也是人民警察职业道德规范的要求。二是立警为公、执政为民。面对新形势下群众的需求和期待，我们必须做好：倾听民声“察民情”、履行职责“保民安”、化解矛盾“解民忧”。真诚倾听群众呼声，真实反映群众愿望，真情关心群众疾苦，切实解决群众反映的社会治安问题。三是警民和谐、求真务实。务实就是不念虚功，不搞华而不实的形象工程、沽名钓誉的面子工程、劳民伤财的政绩工程，干打基础、强基层、管长远的事，也就是办围绕中心大局的事、办符合你所在辖区实际情况的事、办人民群众欢迎的事、办群众急需解决的事，提升工作活力，促进和谐。四是依法办事、廉洁自律。作为一名人民警察，要不断加强党性修养，切实增强党性观念，在思想上牢固树立法治观念，行动上以法律为准则，不做违法之事，要经得起诱惑，耐得住清贫，努力做到遵循从政之德，常怀律己之心，常思贪欲之害。

身为警校生的我们，对未来的警察职业生涯有着许多期许和疑惑，我们向三位师兄师姐询问了自己心中的疑惑，三位英模为我们解答疑惑并以亲身经历让我们更透彻领悟，这更让我们体会到如今警察的辛劳和伟大，让我们明白我们必须有坚定的理想，守着无私奉献的精神走下去。

三、西方资本主义经济停滞常态化与中国道路成功的比较

南开大学何自力教授首先阐述了关于资本主义发展趋势的若干理论，并认为西方资本主义经历了 500 多年的发展之后，其制度本身的根本性矛盾日益凸显，各种矛盾空前尖锐和激化，经济持续停滞成为常态。之后，何自力教授从资本主义生产方式的历史演变切入，详细讲解了导致西方国家现在日益衰落的根源之一——去工业化及金融化，认为工业是支撑大国强盛的基础和根本，本末倒置势必导致强国走向衰落。在此基础上，何自力教授认为中国若要崛起成为一个大国，必须强化自己的工业基础，而不能盲目跟风地过度金融化、服务业化，从而用马克思主义政治经济学解读中国经济成功的道理。

四、《资本论》及其当代价值

四川大学蒋永穆教授为我们深入浅出地介绍了马克思和他创作的《资本论》。《资本论》作为马克思生前最伟大的著作之一，是马克思主义理论宝库中不可或缺的一部分。它耗尽了马克思毕生的精力，它也为马克思主义理论打下了坚实的基础。《资本论》是一部不朽的经济学著作，但其中饱含丰富哲学思想。马克思倾注了 40 年的心血来完成这部巨作。当然，从它的手稿到出版，恩格斯也功不可没。在这部著作中，马克思的两大发现——剩余价值理论和唯物史观为他的理论成果奠定了科学的基础。

蒋永穆教授认为，《资本论》作为一部经济学著作的同时也闪现着哲学的光芒，《资本论》的问世虽然已经过去一个多世纪，但它的价值和意义并没过时。在这个经济全球化的大背景下，仍然需要到《资本论》中找寻出路，汲取营养。走自己的路既是中国革命获得成功的根本经验，也是中国改革与发展获得成功的根本经验。离开马克思主义的指导，就会迷失发展的方向，丧失前进的动力。

学校还组织同学们参观了护国战争纪念馆、泸州市党员干部法纪教育中心这两个地方。上午在护国战争纪念馆参观，了解了护国战争是近代中国爆发的护国讨袁战争。护国战争中最精彩的便是棉花坡战役。蔡锷将军带病担任护国军第一军总司令。棉花坡是纳溪通往泸州和云南、贵州的交

通咽喉，在这一地理位置无比优越的地方，蔡锷、朱德等人联合作战用智用谋，力克人多势众的北洋军，而棉花坡战役也成为护国战争中以少胜多的典型战例。

在这场护国战争中，值得称颂的有蔡锷将军、朱德将军等，他们勇于斗争、不畏艰险的精神值得后人敬仰。

下午去参观泸州市党员干部法纪教育中心，一个又一个因名利迷失心智的贪腐官员沦为阶下囚而悔恨终身、铁窗度日的案例，让人唏嘘不已。经受各种各样的诱惑考验，能够始终坚守底线，这是对一名共产党员的基本要求，也是对一名人民警察的底线要求，参观学习使我们时刻警醒自己，莫伸手，伸手必被捉。

为期五天的人民警察职业精神和职业道德的集中实践教学活动，以红歌比赛为结尾，各个区队都为了红歌大赛做着各种各样的赛前准备，展现着积极向上的态度和不畏困难的精神。虽然最后我们区队没有获得好的名次，但这共同努力的过程才是我们最该珍藏的。

那些天，那些触动内心的话语，那些沉下心来的思考，都在一步步坚定我们的信念，在这条从警的道路上走得更自信更坚定。

树廉政新风，扬红歌精神

法学 1501 区队　游　琴

2017 年 1 月 12 日至 16 日，2015 级三大队全体同学参加了由学院组织的为期一周的人民警察理想信念与职业精神集中实践教学活动。本期实践教学活动，集中开展理想信念、红色传统、忠诚警魂、传统文化、廉政警示、青春励志六大主题教学实践活动，并采取专家讲学、英模教学、激情演讲、现场考察、大型访谈等各种教学形式，有效提升我们警院学子的思想政治素养，达成“立德树人、忠诚警魂”的育警目标。

弘扬革命传统，传承红岩精神

1 月 12 日下午，重庆歌乐山烈士陵园纪念馆原馆长、“红岩”文化研究专家厉华先生在礼堂为参加师生做了一场以“弘扬革命传统，传承红岩精神”为题的专题讲座。1 月 15 日下午，我们在礼堂参加了“红色伴我成长，红歌唱响校园”红歌比赛。这两项活动都是围绕“弘扬革命传统，传承红岩精神”开展的。

红色文化是中国共产党领导人民在革命、建设、改革进程中创造的，在各个历史阶段都发挥了难以估量的作用。红色文化在当今时代仍然具有不可替代的重要作用。厉华馆长用自己几十年的潜心研究成果为我们讲解红岩烈士的革命事迹，让我们更深刻地认识到红色文化所代表的一种红色精神，让当代青年的我们仿佛看到了先烈们壮烈的背影，看到了中国共产党为新中国的诞生而做出的巨大牺牲。我们如同身临其境，回到那战火纷飞的岁月，体验严刑拷打酷刑加身，感叹革命之艰辛，成功之不易。

红歌，诠释了一段不朽的历史，体现了崇高的理想与信念，能够唤起人们心上最朴实的共鸣；红歌，是中国革命历史真实的写照，是激励我们继续奋斗的号角！活动期间举行的“红色伴我成长，红歌唱响校园”红歌大赛让我们热情高涨、热血沸腾的同时，也让我们更多地了解那段历史，让我们更深刻地懂得团结。在教室学唱、在操场演练、在礼堂彩排，我们由衷地放声高歌，我们激情澎湃，在歌声中追忆那段红色历史，在歌声中缅怀先辈，多少革命先烈们用他们的舍身救国、坚毅果敢为我们换来了今天。团结、勇敢、不怕艰难地奋勇向前，这就是我们应该学习的革命精神。

这次革命传统和红岩精神的学习让我受益匪浅。我在其中感受到了红色文化的力量，感受到了红岩精神的力量，我的心灵受到了洗涤，精神得到了升华。我仿佛亲历了先烈们的艰难的奋斗历程，意识到我们现在所拥有的一切是多么来之不易，让我更懂得珍惜现在。

奋斗青春，为梦想起航

1月14日下午，“奋斗青春——让梦想起航”学生演讲比赛在礼堂举行。

十三位选手先后走上舞台，激情洋溢地开始自己的演讲，每一个都是那么耀眼。听到他们激情的演讲，台下的我不禁感动落泪，是啊，青春是我们最美的时光，就该活出最耀眼的自己。我们踌躇满志步入大学，却因生活学习中的或大或小的烦恼或问题消磨了锐气，磨光了斗志，从刚开始的意气风发到后来的得过且过，每天按部就班做完自己该做的事。然后呢？找不到自己的意义，百无聊赖。这次的演讲比赛让我很有感触，激情澎湃的演讲让我重新认识到自己，重新定位自己。让我们重拾理想，为理想不懈奋斗，相信我们的青春将大放异彩！

廉政警示，不做社会的蛀虫

1月16日，我们在思政部教师的带领下，走进泸州市法纪教育中心开展廉政警示现场教育。

进入法纪教育中心展厅，一股压抑的气氛迎面扑来，墙上各种贪污腐败案例都让人触目惊心、发人深省。太多人因为自己的贪念而坠入罪恶的深渊，对现在的我们来说他们的堕落行为是不能接受不可原谅的。我们现在的社会是个和平的社会，就像是一个健康的牙床，而贪婪的人就像蛀虫，一步一步啃噬着牙床，使整个社会变得污秽不堪。自十八大以来，中央高压反腐，苍蝇老虎一起打，揪出了许多社会上的蛀虫。由此可以看出，廉政建设对一个国家、一个社会是多么重要。我们是中国特色社会主义事业的可靠接班人，是党和人民的忠诚卫士，更应该将廉洁自律谨记心中。此次活动加强了我们自重、自省、自警、自励的意识，使我们认识到要清清白白从政，踏踏实实干事，堂堂正正做人。

这次为期一周的人民警察理想信念与职业精神集中实践教学活动，真的让我受益匪浅。我们在红歌演唱中感悟先烈们的革命精神，我们在激情演讲中找回自己的青春梦想，我们在廉政警示中接受灵魂冲击。这次思政集中实训让我们心灵得到升华，素质得到提升，筑牢了我们的立志从警的思想根基。

一场洗涤心灵的“大思政”教育活动

法学 1501 区队　黄轩程

临放假之际，我们期待已久的“大思政”教育活动如期开展，这令我们兴奋不已。虽然其他几个年级已经放假回家了，但这并不影响我们对本次思政集中实践教育活动的憧憬，相反，集中实践活动的如期开展令我们十分激动，好像迫不及待的心情一下子得到了释放。

本次开展的思政集中实践教育活动形式多样、内容丰富，有专家讲座、基层民警报告、模范警嫂夫妇访谈、学生红歌比赛、参观泸州市法纪教育中心、参观泸州老窖国宝窖池等活动内容。

第一天是红岩历史博物馆原馆长厉华给我们带来的讲座。厉华馆长长期从事红岩历史与文化研究，其策划的“红岩魂”展览、创作“红岩魂”展演，已成为红色文化著名品牌，在全国 300 多个城市持续地巡展、巡演 20 多年。厉华馆长不仅给我们深情讲述了渣滓洞白公馆那一段尘封已久的革命历史，同时也让同学们了解了“红岩精神”的时代价值，让我们领略了更高层次的学术修养。一睹厉华馆长的风采后，在座师生都为厉华馆长渊博的知识、动情的讲述所深深打动，感触颇多。

而最让我动容和记忆深刻的非廖胜利夫妇莫属。廖胜利是公安基层一位一线民警，妻子柯江红是川江都市报的一名记者，一直从事政法宣传报道工作。工作中，夫妻俩爱岗敬业、积极进取，互相理解、相互支持，都曾获得全国及省市级表彰和奖励。生活中，夫妻俩彼此陪伴、相互支撑，丈夫加班办案、外出追逃时，妻子则在家操持好家务，照顾父母，照料孩子。两人曾一起作为志愿者参与汶川灾区抗震救灾。柯江红曾获得“全国好警嫂”荣誉。在公安系统的家属圈里曾经流传着这么一句话，嫁给警察，就等于嫁给了寂寞和等待。寂寞是因为他常常不在家，不是加班、值班就是处突。等待是因为他经常出差办案，从北京到上海，从昆明到泸州。在他外出追逃时，警嫂们只得落寞地扳着指头数丈夫几时回家，在等待中度过每一个晨昏。不过，同为警嫂，柯江红可能和其他警嫂不一样，在寂寞和等待中，她的日子过得特别精彩。作为川江都市报的政法记者，她有跑不完的采访；作为贤妻和烘焙爱好者，她会在丈夫加班时为他专门做一盘爱心饼干；作为一名摄影发烧友，她拍下了家人相聚的每一个欢乐瞬间；作为一名户外爱好者，她时常在丈夫加班时独自带着孩子们去爬山；作为网络达人，她晒美照晒美食，热心为网友们提供吃喝游玩的资讯和攻略，知名度很高……朋友们眼中的她是个精力充沛的“女超人”，永远充满激情。而这一切，源于她对丈夫的爱、对生活的热爱。廖胜利夫妇的故事感动了在座的我们，愿他们永远幸福美满，合家欢乐！

红歌比赛是这次大思政教育活动的最大亮点之一，本次红歌比赛以区队为单位，十三个区队同台竞技，各展风采。

红歌不仅歌词美，而且一首红歌就是一段历史，唱红歌可以使我们追忆红色历史，传承红色基因。一首首红歌伴随着一代代人成长，在红歌中汲取丰富的精神营养，从内心深处感受到社会主义好、共产党好、改革开放好和伟大祖国好，坚定了我们跟党走、为实现伟大中国梦而奋斗的信念。列宁说过：忘记过去，就意味着背叛！唱响红色歌曲是唤起人们的红色记忆，一首首慷慨激昂的红色歌曲唱出了警院学子的青春活力，唱响了时代的变奏曲。

时光飞逝，不知不觉到了活动最后一天，这一天的活动安排为上午参观泸州市法纪教育中心，下午参观泸州老窖生产基地。

上午我们在学院老师的组织下来到了法纪教育中心，通过参观中国古代廉政文化史以及十八大以来腐败典型案例，我们能够清楚地认识到中央反腐败的坚定决心。前车之覆轨，后车之明鉴。这些案件发生在身边、发生在我们公务员队伍里，令人震惊。这是一次生动的法纪警示教育课，使自己思想受到教育、心灵受到洗礼，切实感受到了法律的威严和违纪违法的惨痛教训，也使自己今后在职业工作中随时随地如履薄冰，不越雷池半步。

下午我们来到了泸州老窖酒厂参观。在这里，我了解了这个有着四百多年历史的老窖酒厂的发展史和酿酒工艺。泸州老窖酒的酿造技艺，发源于古江阳，是在秦汉以来的川南酒业发展这一特定历史时空氛围下逐渐孕育的，兴于唐宋，并在元、明、清三代得以定型及成熟。两千年来，世代相传，形成了独特的、举世无双的酒文化。泸州老窖传统酿造技艺，体现了中华民族的创造精神，因其跨越时空的长期性及独特的文化地理性，决定了这一民间传统技艺具有珍贵的历史价值及经济价值，并在今天与现代企业制度改革结合，实现了时代创新。

总的来说，本次活动我收获了很多，视野得到了拓宽、思想得到了升华、心灵得到了洗涤！我深信，参加这次教育活动的每一个人都会有所收获，有所进步！

打开新世界的大门

法学 1502 区队　张玮玲

这学期期末考试后，本以为可以高高兴兴回家的我们却被通知留下来参加思政集中实训，不少同学都或多或少有些情绪。很快，思政课集中实践教学活动就在同学们的各种小情绪中正式开始了。学习前的我们本来还有些抵触情绪，但很快随着一个一个活动的推出，同学们的参与欲望迅速被激发出来，最后大家全身心地投入到了这一期集中实训活动中。可以说，这是一次成功的思政实践教学活动。

还记得在高中时，我们的学习更多的是记死知识，照本宣科，书上怎么说，我们就怎么学，就为了最后的高考，为了那几个成绩，这慢慢地导致我们的学习被动了，创新意识渐渐被磨灭了。上了大学，慢慢有了一些不同，老师不再像高中那样，机械地灌输一些死知识，更多的会讲一些自己的观点，也会让我们讲讲自己的观点，让思想与思想相互交换，让我们感觉到了我们是有思想的人，是有思想并且可以发表自己思想的人。但是，本次思政集中实践教学，又一次为我打开了新世界的大门，让我发现，除了平时课堂上学习的东西，我们还有许多东西要学。思想政治的学习比自然科学知识更重要，思想政治的学习才更能真正让一个人成为有自觉意识的人。

学习的本质是人类个体的自我意识和自我超越，我很认同“终身学习”和“学习社会化”的观念。在学校里面，学习的不是死的知识，而是要锻炼学习的能力，学习要伴随着人的一生一世，要学会学习。学习不仅是课堂上的事，还要善于在社会中学习、在生活中学习，特别是在学习中提升自己的思想意识和能力素养。我们的思政课集中实践学习就使我们认识和领悟到了这些。

本次集中学习内容丰富多彩，形式多种多样。红色传统、理想信念、忠诚警魂、青春励志、廉政警示、改革创新等各种主题内容，为我们青年学生树立正确的价值观特别是培养社会主义核心价值观打好了思想基础。

红色教育篇旨在弘扬革命传统，传承红色精神。重庆歌乐山烈士陵园纪念馆原馆长厉华给我们带来了“红岩魂”精彩讲座，再现了当年无数革命先烈为新中国诞生进行的不屈不挠斗争的历史场景，让我们深刻感受到了歌乐山革命烈士大无畏牺牲精神和崇高的革命气节。烈士们的鲜血、先烈们血与泪的嘱托激励着我们，成为我们人生前行的动力。

理想信念篇以爱民为民为主旨，以人民警察工作与家庭双赢的智慧为重要内容，以报告和互动交流为形式，通过公安英模和公安基层一线先进典型代表讲述从警经历与体悟，让我们进一步了解了警察这个职业，加深了对职业选择的理解。报告会结束后，同学们积极与作为先进模范的师兄师姐展开互动，提出问题一起探讨，碰撞出思想的火花。

青春励志篇，以“奋斗青春——让梦想起航”为题开展演讲大赛，同学们积极参与，释放出自己的激情，点亮自己的青春梦想，让我们大学生开始重新定义自我，找到自己的人生方向和人生价值。

忠诚警魂篇，主要邀请公安行业专家和先进典型给我们讲述“从警校生到全国预审专家的成功密码”和“一个优秀的射击手是如何炼成的”，作为一个警校生，我从老警察身上学到了坚持不懈锲而不舍的品质和精益求精的执着精神。

廉政警示篇，老师带领我们参观泸州市法纪教育中心，开展现场教学活动。跟随着现场解说员的讲解，我们参观了整个法纪教育中心的展厅。面对着一张张忏悔的面孔、面对一本本正义的判决书、面对着那长鸣的巨大警钟、面对着那随时会斩落人头的正义之剑，我们深深感受到了法纪的威严，感叹面对种种诱惑坚守道德与法律底线的重要性，心中潜移默化地筑起一道抵御腐化变质的防线。

改革创新篇，主要是组织参观了泸州老窖国宝窖池。百年老窖，百年文化，之所以能传承下来，就是因为不断地改革创新，改革创新就是为旧的事物注入新鲜血液。中华民族正因为不断创新，从而使中华文化源远流长。泸州老窖传统酿酒工艺正是因为同现代技术结合，实现了飞跃式发展。可见，创新是一个企业、一个民族、一个国家兴旺发达的不竭动力。

此外，我们还举行了“纪念建党 95 周年暨红军长征胜利 80 周年”红歌大赛。各个区队争分夺秒全力演练，嘹亮的歌声在教室和礼堂里回荡，终于在比赛当天一展歌喉，唱出了革命激情，唱出了热血青春，最后取得优异成绩，活动圆满结束。

思政集中实践学习让我发现，分数不是最重要的，重要的是学会做人，学会思考，学会如何走进社会。以上就是我对思政集中实训的一些体会与感受。

青春哪能不奋斗

法学 1503 区队　白小玉

时间很快，学院统一组织开展的为期一周的人民警察理想信念与职业精神集中实践教学活动结束了。我们带着满满的期待开始，又带着满满的收获结束。总结这几天的学习心得，颇为满足。

“红岩”文化研究专家厉华做的“红岩魂——信仰的力量”专题报告和舒榕教授带来的“世界社会主义 500 年”专题讲座，让在座的我们对“信念”这个词有了更深层次的理解和领悟。理想信念就像海上为航船指引方向的灯塔，是人生道路的指路明灯，更是我们青年学生前行奋斗的行动指南。

不论是在“全国文明家庭”廖胜利夫妇为我们开展的题为“人民警察家庭与生活双赢的智慧”讲座，还是唐亚平警官跟我们分享的“爱民为民——人民警察不变的底色”，或者是著名预审专家董治南讲述的“从警校生到全国预审专家的成功秘诀”，又或者是“帅帅的优秀狙击手”邹晶师兄的“一名优秀的狙击手是如何炼成的”，无论是哪一场讲座或报告，他们所讲述的故事都那么生动，现场气氛异常活跃，大家都踊跃参与，与前辈或师兄师姐们互动。在这其中，能看出同学们既有对自己未来工作的热切向往，也有对未知领域的担忧彷徨。警察，一个无比光荣的字眼，使多少有志青年热血沸腾、斗志昂扬，自从穿上警服的那一刻，便不惧怕生与死的考验。在警察光辉形象的背后，更多的是忠于人民利益的担当，更多的是可爱警察们辛勤工作的默默奉献，还有他们从自己青春年少一直奋斗到老的身影。

在千呼万唤中，“青春励志”激情演讲比赛终于开始了。不管是参赛选手还是评委、观众，个个都是激情澎湃。青春，是一个让人向往与追忆的美好岁月。有人说，我们不能决定生命的长度，但是可以控制它的质量；我们不能左右天气的变化，但是可以改变心情；我们不能改变容貌，但是可以展现笑容；我们不能预知明天，但是可以掌握今天；我们不能样样胜利，但是可以事事尽心。青春怎能不奋斗？趁着自己青春年少之时，努力奋斗，在自己青春岁月中留下值得一生回忆的时光！红歌，是红色文化的一部分；红歌，诠释了一段不朽的历史，体现了人生崇高的理想与信念，能够引起人们心上最朴质的共鸣；红歌，是中国革命历史的真实写照，是激励我们继续奋斗的号角。参加了此次的红歌比赛，使我们更加懂得敬仰革命先烈们舍生忘死的精神，让我们学会了更好地珍惜现在的生活，也让我们更加坚定了努力奋斗建设国家的决心信心！

一个人尚且懂得要进步，一个民族、一个国家更是如此。创新是一个民族进步的灵魂。参观泸州老窖，近距离的感受到了民族传统工业改革创新发展的独特魅力。李克强总理指出，当前中国经济发展进入新常态，处在发展方式和新旧动能转换关键期，要以“大众创业、万众创新”激发市场活力、潜力和社会创造力，打造发展新引擎。泸州老窖企业将传统酿酒工艺与现代技术结合,通过改革创新实现了企业创新发展,给我们深刻启示。

集中实践教学结束后，借着学习后的领悟与激情，我报名参加了我家乡黄平县的精准扶贫攻坚志愿者活动，还是那句话“年轻，就要多拼!”我把一个寒假的精力倾注在脱贫志愿者工作上。我相信，就算是我们微薄之力也能为这项工作起到一点点推动作用。

在担当志愿者期间，我感触良多，学到了很多在课堂中学不到的新知识。

第一点，前辈们言传身教的，那就是：对工作的认真，对老百姓的负责。列夫·托尔斯泰说过：一个人若是没有热情，他将一事无成，而热情的基点正是责任心。无论做什么事，责任心尤其重要，特别是最近的热点话题：打好脱贫攻坚战。如果不注入百分之两百的耐心、信心、认真以及责任心，那么不仅这项工作很难完成，也会影响到其他工作的顺利开展，就如刘易斯说的一句话：尽管责任有时使人厌烦，但不履行责任，只能是懦夫、不折不扣的废物。

第二点，微笑示人，你会得到意想不到的“礼物”。长者总说：“面对和你打交道的人，尤其是你的领导、长辈，多笑一笑总是好的，不会吃亏。”我想这句话也还有着更深一层的含义，就像在小学课本里出现的一篇文章叫《创造月光》里所蕴含着的精神一样：在自己失意的时候，我们要用一种精神力量来引导自己乐观地面对生活。而微笑则是一种最强大的武器。

所以面对困境，我们自己完全可以给自己一个微笑，从而获得安慰、信心、鼓励，让自己从容地面对。有时候你也可以做别人的太阳。

第三点，尊重无时不重要，它无处不在。

第四点，少说多做，有能力再说话。从事任何工作，都需要牢记这一点："你若是做不好事，做不成事，你根本没资格说话，就算有，那也不会服众。"在陈忠实的书里出现过这么一句话：水深了才能沉静，而且沉静之中也许还蕴藏着波澜大惊。把希望放在别人的身上是虚拟的，所以无用。如果自己不去做，那就不会有希望。

第五点，踏实做人做事，切勿锋芒毕露。历史上著名的皇后卫子夫说了六个字：不争，不显，不露。做陈忠实那样"水深了才能沉静，而且沉静之中也许还蕴藏着波澜大惊"的人，方能成就大业。

青春哪能不奋斗？真正点亮生命的不是明天的景色，而是我们自身的奋斗。我们怀着美好的希望，勇敢地走着，跌倒了再爬起，失败了就再努力，永远相信明天会更好，永远相信不管自己再平凡，都会拥有属于自己的幸福，奋斗才是平凡人生中最灿烂的风景。

思想在这里升华

法学 1503 区队　蒋　珊

学期期末，学院组织开展了为期一周的人民警察理想信念与职业精神集中实践教学活动。学院特别聘请了几名优秀的专家学者为我们做学术报告，邀请了多名公安英模讲述他们不平凡的警察人生。这些公安英模，他们或是特警队员，或是派出所所长，或曾是社区民警，无论什么警种、何种岗位，他们都拥有一个共同的名字——人民警察，都有着共同的使命和担当，那就是坚持群众的利益高于一切。是他们，在群众遇到危险时，把群众挡在自己身后，视保护人民为天职。经过这几天的学习，我受益匪浅，对人民警察这个职业有了更深的理解，对这个伟大的团队产生了由衷的敬佩。

警察这个职业是伟大的，但也是特别危险的。全国每年都有很多警察因公牺牲或受伤，同时这一职业也是牺牲陪伴家人时间最多的职业。身为一名人民警察，最苦恼的就是如何处理好工作和家庭的关系，而“全国文明家庭”廖胜利夫妇则很好地向我们讲述了“人民警察家庭与生活双赢的智慧”，为我们这些即将成为警察的后生们上了一堂很生动的课。遂宁市公安局警官培训中心教官唐亚平则向我们展示了最基层的社区民警的工作。社区民警的工作并不是像其他警种的工作那样有激情，甚至可以说还有点枯燥，每天都是重复着处理街坊邻居的琐事。在他们的工作中可能也没有什么重大任务，他们可能一辈子都默默无闻，但正是有了这些基层民警的努力，才有社会的和谐，正是有了他们默默地付出，才有我们安稳的生活。最后我校的“双千教官”、优秀狙击手邹晶则通过他自身的成长经历向我们展现了一名优秀警察的魄力和光芒，他代表着很多与他年龄相仿并且十分出色的年轻民警，他的经历正好践行了我校的校训“忠诚为民，勤学成才”。他们用鲜血和汗水为我们谱写了一曲最激昂的青春乐章。

此次集中实践教学活动，学院还精心安排了红歌大赛。在一遍又一遍演练红歌中，我们追忆那一段段烽火硝烟的革命岁月，铭记先辈们的誓死抗争的革命精神，同时也让我们不忘初心、牢记使命，更加坚定跟党的步伐，砥砺前行，不畏风雨和艰险，不惧荆棘与泥泞，为实现伟大中国梦而奉献青春热血。

随后，在老师组织带领下我们参观了泸州市法纪教育中心。在那里，我们接受了廉政警示教育，这是我第一次这么近距离地看大量的贪污腐败官员的图片及案例。以前只是零散地在报纸和新闻中见到过贪腐案件，但当时觉得这些东西离我还太遥远，所以并没有太过在意。而这次到法纪教育中心参观，才真切地感到这些真实地发生在自己身边的典型案例，离自己并不遥远。古人云“勿以善小而不为，勿以恶小而为之”，这句话也同样适用于贪污腐败这件事上。其实那些人中，可能很少有人一开始就成为巨贪，大多是一次次的小贪，长期如此，在自己都还没有察觉的情况下慢慢地陷了进去，变成了巨贪。等到受到调查的时候才猛然醒悟，原来自己已经深陷泥潭，但为时已晚，早已酿成了大祸。所以这些深刻的教训告诉我们，决不能有贪欲，必须把贪欲扼杀在摇篮中，不要让其萌芽，否则，等自己反应过来时，已铸成大错，悔之晚也。

此次集中实践教学活动，让我受益匪浅。一是更加认识到警察这一职业的崇高；二是铭记历史，让我在红歌中坚定了自己勇往直前的步伐；三是让我们对廉洁从警有了更深地感悟，明白了古人“勿以善小而不为，勿以恶小而为之”的人生智慧。作为一名大学生，身为一名警校生，我更明白了自己肩上的重任，更清醒自己的职责、使命和担当。我一定坚持跟党走，坚守自己的底线，严守法纪规范，坚决在法律框架内履职和行使权力，绝不僭越半步。我告诫自己要经受住诱惑，把持住欲望，决不能让自己陷入其中。贪欲就像无底的黑洞，一旦一只脚踏了进去，很快就会被腐蚀全身，最后等待自己的只有铁窗深牢和无限的悔恨。我希望自己这短暂的一生是在光明与美好中度过，而非在监狱中去感受冰凉和丑恶。坚持自我，把守底线，为实现中国梦而努力。

通过集中实践教学活动，我对树立正确的世界观、人生观、价值观有了进一步的理解，同时也对警察人生有了更多的了解和认识。正如廖胜利警官的妻子所说，其实自己的丈夫脱下这身警服的时候是很普通的一个人，但当他穿上警服的那一刻，就有一种气场向外发散，让人很自然地就有一种安全感，感觉这就是我们的人民警察，能为我们遮风挡雨的人民警察。就像之前日本的料理之神，他也是很平凡的人，开了一家很平凡的料理店，但就是他六十年如一日地认真做料理，认真地感受每天的天气、状态等，才能将很普通很一般的米饭变成最好吃的米饭，从而成为了日本的料理之神。所以对我们来说，坚持就是我们通往成功的关键，坚持能将平凡变为伟大。所以坚持自己喜欢的、对的东西就是成功的开始。

拥抱未来

法学 1504 区队　黎亚木

2017 年的新春之际，学院组织开展了为期一周的人民警察理想信念与职业精神集中实践教学活动。经过这几天的学习，我更坚定了当初对警校的不悔选择，更深刻体会到思政教育对我们成为预备警官的重要性。通过此次集中实践教学活动，我更懂得了树立马克思主义世界观、人生观、价值观的重要性，懂得了坚持走中国特色社会主义道路的重要性，懂得了坚持中国共产党的领导的重要性。

此次集中实践教学活动中，我们在学校礼堂聆听了重庆歌乐山烈士陵园纪念馆原馆长厉华先生讲述的“红岩魂——信仰的力量”专题报告，更加了解了承载革命基因的红色传统文化。泸州市委党校副教授舒榕老师为全体师生带来了“世界社会主义 500 年”学术讲座。她为我们详细梳理了世界社会主义发展经历的六个阶段：空想社会主义的产生和发展、马克思和恩格斯创立科学社会主义、列宁领导十月革命胜利并实践社会主义、苏联模式逐渐形成、中国特色社会主义的探索和实践以及中国特色社会主义道路的开创和发展。舒老师通过理论分析，结合中国发展实践，对比当今资本主义及其他社会主义国家，告诉我们要矢志不渝地坚持中国特色社会主义，才能更好更快地实现全面小康社会，才能真正实现中国梦。

紧接着是忠诚警魂篇。由两位公安英模给我们讲述他们精彩的警察人生，从警的故事。我深深认识到当一名警察应承担的社会职责和时代使命。此时，我才深刻意识到学院组织开展忠诚警魂教育是多么重要和及时。

接着，我们开展了红歌比赛。纪念建党 95 周年暨红军长征胜利 80 周年之际，我们通过唱红歌，追忆那一段红色历程，铭记革命先辈的革命精神，传承光荣的革命传统。随后是“青春励志”演讲比赛。同学们的演讲慷慨激昂，让我们热血澎湃，更让青春的我们满载激情向更美好的明天出发。

最后一天，老师组织我们参观了泸州市法纪教育中心和泸州老窖窖池。在法纪教育中心，我们受到了一次有生以来最深刻的廉政警示教育。在老窖窖池，我们体验到了国企改革创新取得的辉煌业绩。为期一周的集中学习，得到了满满的收获和愉快的心情。

通过此次集中实践教学活动，我的收获主要有三个方面，一是加深了对警察忠诚的认识；二是感悟到红色传统的时代价值；三是树立了廉洁自律意识、培养了改革创新精神。

忠诚是我们人民警察这支队伍的灵魂，是人民警察最有价值的人格天条，是公安民警在苦与乐的磨砺、血与火的洗礼、生与死的考验中传承至今而永远不倒的旗帜，是人民警察职业精神的核心，是永恒的警魂。作为未来的预备警官，从踏进警校的那一刻起，我们就宣誓这一生忠于中国共产党、忠于祖国、忠于人民、忠于法律、忠于伟大的公安事业。

红色文化作为一个时代的烙印，是一笔宝贵的精神财富。红色文化所代表的革命精神激发了我们警院学生忧国忧民、超越自我、挑战极限、奉献社会的情怀。我们不仅要铭记历史，缅怀先烈，学习革命先烈顽强不屈、百折不挠的革命精神，更要激发我们奉献祖国、献身时代，为实现伟大中国梦而不懈奋斗的热血激情。历史虽然已经成为过去，但铭记历史才能面向未来。有志青年必须传承这种精神，勇于担当，迈开矫健的步伐奋力前行。

防治腐败，教育是基础。反腐倡廉关乎党风政风，关系国家和民族兴衰。反腐倡廉应当从源头抓起，从教育抓起。这次实地参观的警示教育，让我内心深受触动，警醒自己一定加强自律意识，坚决筑牢拒腐防变的思想堤坝，同时也使我对党和国家反腐倡廉更有信心，风清气正必会成为党和政府的一种常态。

习总书记强调要大力弘扬与时俱进、锐意进取、勤于探索、勇于实践的改革创新精神，争当改革的坚定拥护者和积极实践者，用自己勤劳的双手在改革实现中创造更加幸福的生活。作为新时代的青年，我们要树立理想，坚定信念，不断地改革创新，为自己的梦想去尽最大的努力。泸州老窖今天的发展壮大，正因有这种勇于实践、不断探索和创新的精神。

作为警院学生，通过此次学习，我认为今后应向如下几个方面努力。一是进一步树立宗旨意识。牢固树立全心全意为人民服务的宗旨意识，摆正自己公仆的位置。二是要严格自律，清正廉洁。立警为公，执法为民，是公安机关的性质和宗旨决定的，直接关系人心向背和党的执政地位的巩固。必须围绕为人民掌好权、用好权这个根本问题，从源头上预防和解决腐败问题。三是要爱岗敬业，乐于奉献，在平凡的岗位上做出不平凡的业绩。四是要树立责任意识和大局意识。只有具备责任意识和担当精神，将来才能成为一名服务于人民的优秀警察。只要脚踏实地、做好目前的事情，努力学习专业知识，掌握技能，锻炼身体，正如孟子在《孟子·告子下》中写到“天将降大任于斯人也，必先苦其心志，劳其筋骨，饿其体肤，空乏其身，行弗乱其所为，所以动心忍性，增益其所不能”，就能成为一名合格的预备警察。

总之，参加此次集中实践教学活动，我学到了很多知识，明白了很多道理，更加坚定了我的梦想。我想我们既要仰望星空，也要脚踏实地，我们会迎来更好的明天！拥抱幸福的未来！

坚持你的选择

法学 1504 区队　赵小春

何必认真？何必努力？何必坚持呢？当我们怀疑自己的选择的时候便会这样反问自己。

曾有人问我是否谈过恋爱，我说没有，她问为什么。我说我做事只能一心一意，不能三心二意。她半调侃地说.:“我谈了恋爱和你没谈恋爱取得的成效差不多啊!”我当时回她:“我坚持自己的选择，每个人的性格和能力都有差异，我只能选择适合我的那种。”她没再说什么。

刚放寒假时，我们大队留下来参加学院思政部组织的思政课集中实训活动。思政部特别邀请了一些警界精英作精彩报告，他们详细地讲述了自己多年艰苦而又光荣的从警经历，其间的酸甜苦辣、人生感悟等让我们头一回领悟了警察意味着什么。公安英模还认真回答了在座同学的提问，并和大家热情互动。期间，学院还统一组织同学们参观了朱德纪念馆、泸州市法纪教育中心，举行了励志青春个人演讲比赛以及红歌大赛等。本次思政课集中实训活动可谓有声有色、精彩纷呈。

此次活动中，给我印象最深刻的是优秀人民警察的精彩报告。

“基本不在家，有事别找他。”这句话是一名基层派出所长廖胜利警官的妻子说的，她是一名政法记者，自己的工作很忙，但因为老公是一名警察，她不得不承担起照顾家庭的主要责任。正是这位警嫂对丈夫的理解、对家庭的坚守、对孩子的关爱，换来了家庭的和谐、美满和幸福。我为这样的警嫂点赞。我们学校将为社会培养大批优秀警察，我想，千千万万个警察就有千千万万个家庭，只有那些能够为爱坚守、忠贞不渝的夫妻才会像做报告的这对夫妻一样拥抱幸福、拥有幸福。

“我是一名狙击手，高三的时候我曾花了一个月为 30 岁以前的自己做规划，除了吃饭和上厕所，那一个月里我不曾离开房间半步!”“我爱游历，经常只带一把小刀和必要的衣服便只身一人徒步旅行”“为了更快更高更强，我给自己做了严密的训练记录”。这是一位年仅三十却已经阅历丰富的年轻师兄——优秀狙击手邹晶警官说的话。他年纪轻轻便已达到自己的目标，这是一件非常难得的事情。一个人定了目标不可敬，可敬的是他能约束自己在规定的期限内完成目标。人这一辈子最难战胜的便是自己，因为懒惰和拖延，我们错过了多少、失去了多少！最后只空余遗憾与悲凉！我敬仰这位师兄，或许是他有着超过常人的意志力吧！他不荒废大学、贻误人生，他听从内心的呼唤选择自己想做的事，他不管别人的态度始终坚持走自己的路！

除了他们，另有一位女民警更是让我钦佩不已。她是一位退休民警，本该在家含饴弄孙，尽享生活，但她不想让自己闲下来，总想发挥自己的余热，于是在局里的大力支持下，在社区开起了以自己名字命名的警务室。尽管她有时不被小区住户理解，尽管警务室工作也困难重重，尽管效果与预期总有差距，但她仍然坚持下来了。不管困难有多大，人们对她的误会有多少，付出与回报反差多么大，她始终坚持自己的想法和做法。她为小区的老百姓排忧解难，帮扶了众多需要帮助的人。最终，她和她的警务室赢得了社区百姓的广泛赞誉。她的事迹令我震惊！我想如果换做是我，我可能不能像她那样坚持下去吧！因为有些人的做法甚至都已经伤及她的自尊了，但她还是没有放弃，她的这种态度和决心难能可贵。我想，大多数人碌碌无为，原因可能就是失败了再没有站起来的勇气了，宁愿普通一辈子也不愿再试一下。

作为一名大学生，我看问题还不够透彻。这样的讲座对我来说正如久旱中的甘霖，浇灌了我那尚不成熟的心田。以前，我总觉得凡事顺其自然就好，最后那个目标肯定能达到。听了他们的讲座后我才觉得并不是这样，大目标应该是由小目标组成的，每次给自己定个小目标，然后朝着这个方向一直努力，等小目标完成之后就继续下一个小目标，以此类推，成功才会离我们越来越近。当然，在努力的途中肯定会遇到各种各样的困难，有时候，我们甚至可能会因为这些困难想到放弃自己的目标，想到在网上看到的那些句子：不努力一把，你都不知道什么叫绝望！在这些个瞬间，我们想到的唯一能解决问题的方式便是放弃！但有很多人就是因为选择了放弃便再也没有了以后！

作为一个理性的成年人，我会因为失败不知所措，怀疑自己的选择，怀疑自己的坚持。但几番思量过后我就会彻底清醒过来，失败的原因有千万种，但成功的原因只有一个，那就是绝对的实力！为我们做报告的专家、前辈们都曾遇到过种种艰难苦楚，但他们没有放弃，而是向着自己的目标踽踽前行，即使前路布满荆棘，他们始终坚持下去。无论是来自家庭还是社会的压力，都没有将他们打倒。前路艰难但内心强大，他们以自己的方式应对各种挑战，克服种种困难，终于使自己的人生迈向成功。

我曾遇到种种困难，遭到各种怀疑，我不知道别人是怎样看待我的。我承认自己还不够成熟，考虑问题还不够周全，做事还缺乏毅力，通过这次寒假集中培训，我明白了许多道理，前途总是光明的，但道路总是曲折的，要想取得最后的成功，就得摆正自己的位置和心态，不要好逸恶劳，不要老想着一步登天，要坚持自己的选择，一步一个脚印，否则什么都得不到。

现在，我已经大二了，留给我的大学时间只会越来越少，要怎样分配我的时间才能做到青春无悔是目前我面临的最大问题。我想在 2017 年里，每次定一个小目标，然后努力去实现它，到了年末，也许就会有不小的收获。

仰望星空，活在当下。这句话并不矛盾，选择了青春无悔，那么我就得付出行动，让自己的青春丰富多彩。我要把更多的时间用于充实自己，少做一些无意义之事，完成每次定的那些个小目标，我坚信，我的未来一定会更好！

后　记

本专辑是从四川警察学院2015级学生思政课集中实践教学活动所撰写心得体会中遴选出的优秀作品汇编而成。在2016年寒暑假前，2015级全体学生分批开展了为期一周的寒暑假思政课集中实践教学活动，警院学子们热情投入、用心体验，撰写出一篇篇真情实感的心得体会。为充分展示学生们参加思政课集中实践教学的学习成效，我们从1 200余篇心得体会中遴选出近50篇优秀作品，汇编成此专辑。在编写过程中，得到了学院党委的关心支持，学院党委张光华书记亲自为本专辑撰写序言，学院党委常委、副院长周长明教授给予了具体指导。

本专辑由四川警察学院思想政治理论教学部刘文芳、马中全策划，由马中全副教授负责统改。参加统稿和修改工作的还有思想政治理论教学部教师：刘文芳、胡宇南、江文、卢军、岳健、李红艳、王元钊、朱志清、夏明香、罗小龙、李尚阳、翟小亚。

此外，思想政治理论教学部十余名教学助理参与了本专辑的作品初步遴选和前期文字处理工作。参与此项工作的教学助理有吴知丰、郭濮源、周芩欣、李慧敏、王英杰、邱琳悦、胡笛辉、申钹、马玥、夏百川、邓磊、刘强永、张锡虎等同学。在此，我们表示由衷的感激！

编者

2017年12月25日